真山知幸
Mayama Tomoyuki

10代のうちに知っておきたい

「心が折れない」生き方

何度でも立ち直れる、しなやかなメンタルをつくる方法

誠文堂新光社

はじめに

すごいアイデアで新しいものを発明して、人びとの生活を便利にしたり……。

科学的な発見によって、多くの人の命を救う治療法を開発したり……。

心を揺さぶる芸術で、世界中を感動させたり……。

活躍したジャンルはみなそれぞれですが、人類の発展に貢献した人のことを「偉人」と呼びます。


エジソン、アインシュタイン、野口英世、ナイチンゲール、などなど、具体的な名前が何人かすぐに思いつくことでしょう。偉人の伝記を読んで「こんなに立派な人がいたなんて！」と感心した、という読者もいるかもしれませんね。

しかし、華やかな成功の裏で、偉人たちは大きな挫折を味わったり、不運な出来事にふり回されたりしたことが、一度や二度ではありません。本書に登場する偉人たちもみんな、人生の困難に直面しながら、生きていました。

長州藩の高杉晋作は青年時代、ライバルの活躍に嫉妬して「自分だって江戸に行きたい！」と師匠にせがんでおきながら、いざ江戸行きが実現したら「思っていたのとちがう……」と意気消沈。それからも家族の期待には応えられず、師匠の窮地にも助けにならず……のダメダメな時期がつづきました。

喜劇王のチャップリンは、渾身のギャグをどれだけくり出しても、監督にカットされまくって途方に暮れたことがあります。

画家のクロード・モネは、はりきって展覧会に絵を出品したのに、新聞で酷評されてしまいました。

実業家の広岡浅子は、有名な商人の家に嫁いで安定した生活を手に入れたかと思いきや、夫はまるで働く気がありません。家業はどんどん傾いていくというあせりのなかで、もがき苦しむことになります。

世界一周したことで知られるマゼランは、船員を募集しても誰も集まらず、無理やりかき集めたメンバーで冒険に出発しなければなりませんでした。

音楽家のベートーヴェンは、才能が認められて「よし、これからだ！」というときに耳が聴こえなくなってしまいます。

内閣総理大臣を5回もつとめた吉田茂や、外務大臣として活躍した陸奥宗光のように、投獄されて獄中生活を余儀なくされた人もいます。

哲学者のソクラテスにいたっては、理不尽な理由で死刑判決まで下されました。


なぜ、偉人はとりわけ人生の壁にぶつかりやすいのでしょうか。

それは「挑戦しているから」にほかなりません。世界広しといえども、「何も挑戦せずに偉人になりました」という人は、ただの一人もいません。挑戦には、失敗や困難がつきものなのです。

そう考えれば、人生で大事なことは「失敗しないこと」ではないと、わかってもらえるでしょう。もっとも重要なことは、失敗や困難にめげないこと。つまり「心が折れない」ということです。

この本は、「偉人たちが困難にぶつかっても、心が折れなかったのはなぜか?」について考えた本です。

「心が折れない方法」さえ学べれば、どんな失敗も怖くはありません。人生で何度でも挑戦することができます。

たくさん挑戦していれば、人生は必ずよいほうに進んでいく。じつは、偉人というのは「成功するまで挑戦をやめなかった人」だともいえるのです。

そんな人生の達人でもある偉人を、この本では「賢者」と呼び、その生き方から学べることを解説しました。この場合の「賢者」とは、ただ「頭のよい人」をいうのではありません。壁を乗り越えるべく、戦略を練ったり、自分が信じる人生観をつらぬいたりした人のことをいいます。

自分らしく生きることを大切にして、挑戦しつづけた賢者たち。「自分だったらどうするか」を考えながら読んでみて、賢者たちの「心が折れないものの考え方」を、ぜひ日々の生活に取り入れてみてください。

真山知幸

賢者に学ぶ、「心が折れない」生き方　目次

第3章 仲間を信じつづけた賢者たち

第4章 運命を乗り越えた賢者たち

第5章 差別を超えて活躍した賢者たち

プロデュース：中野健彦（ブックリンケージ）
編集協力：堀田孝之
装丁：吉崎広明（ベルソグラフィック）
本文デザイン：久保洋子
校正：川平いつ子
本文ＤＴＰ：伏田光宏（F's Factory）

第1章

自分の生き方をつらぬいた賢者(けんじゃ)たち

高杉晋作は長州藩の役人の家に生まれ過保護な幼少期をすごしていた
高杉家は名門 大それたことをしないように!
はい…
晋作19歳のとき家族の目を盗んで吉田松陰の塾にかよい始める
松陰先生が待っている!
晋作には大きな志があった!
お前なら日本を変えられる!
松陰に認められ出世していくライバルたち…
ぐぬぬ〜!
あいつらに負けるもんか!
江戸の塾に入ったが…
つまらなくて耐えられない…
国の一大事
恩師の死
こ…このままじゃだめだ!!
おもしろきこともなき世におもしろく!
みずからの意志をつらぬきついに「世の中を変える」という大志を成しとげた!

高杉晋作（1839〜1867年）長州藩士の高杉小忠太の長男として生まれ、吉田松陰の松下村塾で学ぶ。志願兵による奇兵隊を創設。第2次長州征伐では海軍総督として、幕府軍を撤退に追いこむ。肺結核により27歳で死去。

江戸になじめず弱音ばかり吐いていた

高杉晋作

84人で2000人に立ち向かった男

ようやく夢がかなった！　そう思ったのに、あこがれた場所で輝けない……。そんな理想と現実のちがいに落ちこむことが、長い人生のなかではめずらしくありません。そんなときのために、この人物のストーリーをぜひ知ってほしいと思います。

鎌倉時代からじつに700年もつづいた武家政権にピリオドを打った、明治維新。江戸幕府を倒した人物の一人が、長州藩の高杉晋作です。

当時、長州藩は、幕府に従おうという「俗論派」が主流になっていました。それに対して、晋作は「今こそ幕府を倒さなければ、世の中は決して変わらない！」という熱い思いで、下関の功山寺で挙兵。クーデターを起こしています。

「真があるなら今月今宵、あけて正月、誰も来る」

晋作は大声でそう叫びますが、集まったのはたったの84人。対する俗論派は2000以上の兵がいました。

絶望的な状況ですが、晋作の熱意が人びとに広がるにつれて勢力を増していきます。そして、見事に俗論派を相手に勝利をおさめることになります。

晋作が創設した軍の名は「奇兵隊」。晋作の見事な勝利によって、長州藩は倒幕へと大きく舵を切ることになりました。

そんな晋作のことを、師の吉田松陰は次のように評しています。

「物事を正しく見分ける力と力強く立ち向かってゆく精神力、いずれも他人に及ぶものはなく、人の言いなりにならない人物」

まるで晋作の活躍を予見していたかのようで、さすがにするどいですね。大多数の人とはちがう道を選び、かつ、それを主流にしてしまった晋作。まさに「賢者」といえるでしょう。

しかし、晋作の10代は「賢者」とはほど遠い、情けない青年時代をすごしました。

ライバルに追いつけると思いきや……

晋作は1839年、長門国阿武郡萩城下に4人きょうだいの長男として生まれました。現在の山口県萩市です。

父は長州藩士の高杉小忠太。藩の中級役人として安定した生活を送り、そのもとで、晋作は一人息子として、大切に育てられました。父だけでなく祖父もきびしく、いつもこう釘をさされていました。

「問題を起こしてはいけないよ、父上の迷惑にもなるからな」

しかし、晋作は家族に内緒でこっそり夜中に抜け出して、吉田松陰が塾長をつとめる松下村塾にかよい始めます。

吉田松陰といえば、尊王攘夷論(天皇を尊重し、外国勢力を追いはらう反幕府運動)を唱えて、黒船に乗り込んで密航しようと目論んだ危険人物。家族に知られたら大変なことになります。それでも晋作はこんな思いから居ても立ってもいられなかったのでした。

「このままでは日本は立ちゆかなくなる」

松陰のもとでめきめきと頭角をあらわしていた晋作。それでも内心は焦っていました。ライバルの久坂玄瑞が先に江戸に出て活躍していたからです。

晋作は師匠に手紙を出して、なんとか自分も江戸に遊学させてもらえないかと、幕府へのはたらきかけを依頼しました。

「わたしの遊学についての話し合いの件、よろしくお頼み申し上げます」

晋作の必死さが届いたのか、まもなくしてその願いはかなえられて、晋作にも遊学が許可されることになりました。松陰からは「玄瑞とともにがんばれ」と激励を送られています。

「よし、玄瑞よりもはるかに結果を残してやろう！」

晋作がめちゃくちゃはりきったことはいうまでもないでしょう。ところが、です。念願だった江戸での遊学は、晋作にとって苦痛の日々でした。

有名な儒学者が開く私塾に入門しますが、晋作は「つまらなくて耐えられない」（松陰への手紙）と、たった2カ月で退塾しています。

その後は、江戸幕府直轄の教学機関である昌平坂学問所に入塾しますが、松下村塾で得られたような充実感からはほど遠く、こんな弱音を吐いています。

「心が糸の如く乱れています。学問の方向もわからなくなってしまいました」

目標とした場所が期待はずれで、晋作は途方に暮れてしまったのです。

「おもしろきこともなき世におもしろく」

しかし、失意のなか、故郷に帰る晋作のもとに信じられないニュースが舞いこんできます。

「松陰先生が、江戸に連れて行かれて処刑された！」

そんなバカな……。松陰の死を知らされた晋作は、その場に泣きくずれてしまいました。思い出されたのは、先輩の桂小五郎から聞かされた師匠の言葉でした。自分のいないところで、こんなふうに言ってくれていたのです。

「晋作のガンコさはよく解釈すれば、妥協をゆるさないという、一つの個性である。

10年後、自分が何か行うときは、必ず晋作に相談するだろう」

そんな師の温かなまなざしが、晋作をどれだけ勇気づけたことでしょうか。

そんな思い出をふり返るうちに、晋作はハッと気づきます。

「誰よりも無念なのは師匠じゃないか……限りある命、倒幕に捧げる！」

松陰の死をきっかけに、晋作はたくましくなっていきます。

１８６１年、21歳のときには、藩主の小姓役に任じられています。翌年には上海行きを命じられるほど、立派に独り立ちしていました。

この上海行きで晋作は愕然とします。アヘン戦争に敗北後、中国は、強い国ぐにのほぼ植民地と化していました。

「このままいけば、日本も中国と同じ道をたどることになる……」

帰国後、晋作は藩の命令によってふたたび江戸へ。父への手紙では、こんな決意表明をしています。

「国の一大事なので脱藩を決行するために、もはや孝行はできない」

これまで家族のしがらみにとらわれていた晋作ですが、ここにきて本当の意味で自立を果たしたのです。そして自身が考案した奇兵隊によって、倒幕へとはずみをつけます。晋作の名は歴史に深く刻まれることになりました。

しかし、１８６７年、倒幕を見とどけることなく、晋作は27歳の若さで肺結核によって命を落とします。

晋作が最期に詠んだとされる次の句はあまりにも有名です。

「おもしろき　こともなき世に　おもしろく」

家族のしがらみにがんじがらめになりながら、挫折をくり返した晋作だからこそ、この境地にたどり着くことができたのではないでしょうか。

心が折れないポイント

- 自分のことを短所も含めて認めてくれる人がいる。
- 苦労した日々は、いつか必ず役に立つと信じる。
- 自分で考えて自分で実行する。

ソクラテス（紀元前470年ごろ〜紀元前399年）古代ギリシアの哲学者。ペロポネソス戦争では重装歩兵として従軍。その後、倫理や徳を追求する哲学者としての活動に専念。アゴラ（公共の広場）や競技場など人が大勢集まる場所で真理とは何かについて語りかけた。

「知らない」と堂々と言って論破した ソクラテス

「知らない」と言える人こそ賢いワケ

自分はこのジャンルに詳しいと思っていたけれど、全然そんなことはないんだなあ……。周囲に知識豊富な友達がいたりすると、そんなふうに感じてしまったりします。世の中は広いですからね。

しかし、「知らないことがある」というのは、恥ずかしいことでもなんでもありません。むしろ「なんでも知っている」と思ってしまうことのほうが、もしかしたら問題かも。

本当に「賢い」とはどういうことなのか。それをずっと考えつづけたのが、古代ギリシアの哲学者ソクラテスでした。

ある日、ソクラテスは弟子のカイレポンから「あなたが人類の中でもっとも賢いと、アポロンの神殿で聞いてきました」と言われて、すっかり考えこんでしまいました。

「そんなバカなことはない。わたしより賢い者はいるはずだ」

真剣に悩むところがなんだかおかしいですが、ソクラテスは「自分は知恵者ではないはず……」という思いを胸に、いろいろな識者のもとを訪ねました。

すると、みんなもっともらしいことは言うものの、誰も真理について答えてはくれませんでした。がっかりしながらも、真理について答えられないのは、自分だって同じ。自分はやはり賢くないし、相手だって賢くない。とすれば……もしかして……そうか！　ソクラテスはひらめきます。

「何が一番大事なことか、わたしも彼らも、ともにわかっていない……ところが彼らは、わかったつもりでいる。しかしわたしは、自分がわかっていない、ということを自覚している。とすると、わたしは、自分の〝無知〟を知っている、という点で、彼らよりも知恵者だといえる」

こうして自分こそが知恵者だと納得したソクラテス。この考え方こそが、ソクラテスが説いたことで有名な「無知の知」です。

論破しすぎて裁判で死刑になる

そんなソクラテスの日課は、知り合いでもない街の人に話しかけて、議論を吹っかけるということ。なんだか、ものすごくめんどうくさそうな人ですが、若者たちは、ソクラテスの話術にたちまち惹きつけられました。

ソクラテスが人気者になったのは、もっともらしい演説をする政治家や知識人のもとへ出かけては、エラそうな彼らにこんな質問を投げかけて、議論をしかけたからです。

「すみません、今おっしゃった『正しい』ってどういう意味ですかね？　どういうことを『正しい』というのでしょうか？」

いかにも頭が悪いふりをして質問をするソクラテスに対して、相手が「それはみんなが幸せになることだよ」と言おうものなら、こうたたみかけます。

「『幸せ』ってなんですかね？」

幸せが何か、なんて質問に迷わず答えられる人は、そうそういないでしょう。答えたとしても、またソクラテスから、すぐさま矛盾をついた質問が浴びせられることになります。

ソクラテス自身は意見を言わないのですから、議論に負けることはありません。どうしようもなくなり、相手が言葉につまると、ソクラテスはこう言い放ちました。

「答えられないなら、あなたは、それについて知らないんですね」

こうして「無知の知」を説いたソクラテス。エラぶっている人たちをつぎつぎと論破したのですから、若者たちも、さぞ胸がすっとしたことでしょう。

しかし、知恵者のはずのソクラテスですが、一つだけ、大事なことを見落としていました。

それは「みんなの前で論破したら、相手にすごく恨まれる」ということ。

しかも、ソクラテスがやりこめたのは、地位の高い人が多かったので、仕返しも倍返しです。なんと「議論をふっかけて、みんなの心を惑わせた」という罪で、いきなり裁判にかけられてしまいました。

しかし、ソクラテスのすごいのは、納得がいかないことは、誰が相手だろうと、決して従わなかったところです。反省をうながされても、ソクラテスは謝罪するどころか「自分は社会貢献をしていた」と言い張ったうえに、こんな挑発をしました。

「わたしは死刑になるどころか、高級レストランでごちそうされるべきである」

ここまでなめられちゃ話にならないと、ソクラテスには死刑判決が下されることとなりました。

最期まで強い者に屈しなかった

ところが、売り言葉に買い言葉で決まってしまった死刑だけあって、どうも刑を執行する側もそこまで本気ではなかったようです。牢屋に入れてはいるものの、簡単に逃げられるようになっていて、ソクラテスは、周囲の人びとから「逃げてください！」と説得されることになります。

しかし、ここでもソクラテスはゆずりません。逃げることを断固拒否して、死刑を受け入れています。

人生最期の日、ソクラテスは友人たちと楽しいひとときをすごしました。議論をしながら談笑し、いつものように明るいソクラテスに、友人たちのほうが涙したのも無理はありません。

夕方には、死刑のための毒ニンジンの汁を、お茶でも飲み干すかのようにぐいっと飲むと、しばらく歩き回り、体に毒がまわるのを待ちました。そしてベッドに横たわると、ソクラテスは最期にこう言って、その生涯を閉じました。

「そうだ、アスクレピオス神にニワトリの供え物をするのを忘れていた。忘れずに供えてくれたまえ」

ソクラテスが逃げなかったことには「なぜ？」という気持ちがどうしても残ってしまいます。でも、ソクラテスにとっては、納得できないことで、こそこそと逃げるのは、死ぬことよりもつらいことだったのかもしれません。

わたし自身は、ソクラテスのような立場にみなさんが立ったときは、なりふりかまわず、逃げてほしいと思っています。

それでも、ソクラテスの話をあえてしたのは、二つのことを伝えたかったからです。

一つは「知らない」ことは恥ずかしいことではなく、むしろ「知っている」という思いこみこそ、危険かもしれないよ、ということ。

そして、もう一つが、強い者に対して立ち向かう勇気はなくても「決して屈しない」「従わない」という選択肢もある、ということです。

他人や環境にふり回されることなく、自分の生き方をつらぬきたいものですね。わたしもまた修業中の身です。一緒に自分を磨いていきましょう。

心が折れないポイント

- 「知らない」ことを恥だと思わない。
- 周囲の人を大切にしながら、揺るぎない自分を持つ。
- 強い者と戦わず、しかし、屈しない。

わたしならば西回りでモルッカ諸島へたどり着いてみせます！
1519年8月10日
マゼラン船団
スペインを出航！
しかしマゼランが唱える西に抜ける海峡は見つからず…
東へ海路を取りなおすべきだ！
われわれは海峡を探す
その後 3カ月間
広い海を漂う
食べ物がなくなってしまった…
1520年11月28日
海峡を抜けた！
ここはのちにマゼラン海峡と命名
あっ！
島が見えたぞ！
ウオォォオォ！
マゼランついに西回り航路を実現！

マゼラン（1480～1521年）ポルトガルの航海者。スペイン王カルロス1世の支援により5隻を率いて西回り航路でモルッカ諸島に到達。南アメリカ大陸南端に発見した海峡を通過して大海原に出ると、そこを「太平洋」と命名。41歳で死亡するも、残った船員が世界一周を成しとげた。

荒くれ者を引き連れて世界一周を成しとげた マゼラン

最悪のメンバーと一緒にやることになったら？

行事などのイベントにしろ、スポーツにしろ、ともに目標に向かうメンバーがイマイチだと、がっかりしてしまうこともあるでしょう。「このメンバーだったら、何もできない」。そんなふうに思ってしまうかもしれません。

じつは、冒険家のフェルディナンド・マゼランも、仲間をうまく集めることができずに、不本意なメンバーで大事なプロジェクトに挑むことになりました。

そのプロジェクトとは、ずばり「ヨーロッパから西回りの航路でモルッカ諸島（現在のインドネシア）へ向かうこと」でした。その結果、マゼランは世界一周を成しとげることになります。

一体、どのように偉業を実現させたのでしょうか。

「つまりですね、これまでは香辛料を手に入れるために、遠回りしていたわけです。わたしならば、西回りでモルッカ諸島にたどり着いてみせます」

あまりに男が熱弁をふるうので、18歳の若きスペイン王カルロス1世は、心を動かされていきます。40歳を手前にしたその男こそが、マゼランでした。

当時のヨーロッパでは、モルッカ諸島でとれる香辛料が非常に貴重で、金や銀と同じくらい価値がありました。なぜなら、香辛料は入手困難なうえに、この時代は冷蔵庫がなく、生肉の防腐剤として用いられていたからです。

そのため、１４９８年にバスコ・ダ・ガマがインド航路を開拓すると、たちまちポルトガルは香辛料の貿易で大きな利益を上げることに成功しました。

それから20年がたった今、マゼランはスペイン王に、それよりもはるかに効率がよい航路があると訴えたのです。それこそが、スペインから西回りでモルッカ諸島へ向かうというルートでした。

しかし、西回り航路でモルッカ諸島に向かうには、途中で南アメリカ大陸を抜けなければなりません。このころは、まだ大陸の形がはっきりしておらず、はたして海峡があるのかどうかが、まだわからなかったのです。

それでもマゼランは地球儀を持ちながら、「わたしは、そこに一つの海峡があるという確実な情報を持っております」と、自信を見せると、カルロス1世も「そこまで言うのであれば」とマゼランの冒険を承諾しました。

マゼランは、5隻の船と2年分の食料を王に用意してもらい、長い航海へと出かけることになったのです。

仲間から反対意見が続々と！

長年の計画をついに実現できると、はりきったマゼランでしたが、船と食料はそろったものの、必要な乗組員がなかなか集まりません。それもそのはず、ほかの国にプロジェクトがバレないよう航路と目的地は秘密にされ、ただ「2年以上勤務する」と明かされていただけでした。ちょっと応募するのが怖いですよね……。

ようやく集まったのは、住む家もなさそうな荒くれ者ばかり。それでもなんとか、船員をかき集めて、1519年8月10日、ついにマゼラン率いる5隻の船はセビリア(現在のスペイン南部)を出発します。

めざすは、ブラジル沿岸を南下して喜望峰と同緯度の地点にある、サンタ・マリア岬です。マゼランが得た情報では、サンタ・マリア岬を回ると入江にぶつかり、その場所こそが、モルッカ諸島に通じる海峡にちがいありませんでした。天体観測儀・コンパス・砂時計の道具を頼みに、マゼランは夢の地をめざしました。

約4カ月後の12月13日、一行はブラジルのリオ・デ・ジャネイロに到着。そこからさらに航海をつづけること1カ月、ようやくサンタ・マリア岬にたどり着きました。聞いていたとおり、岬からは広い入江が延びており、ここが海峡だとマゼランは確信。船員の気持ちを盛り上げるために、マゼランは演説をしました。

「われわれは今、かつてキリスト教徒が航海したことのない海へ近づきつつある。まさに偉大な発見の入口に立っているのだ!」

しかし、数日にわたって海峡を探しましたが、ただ西のほうに河口があるのみ。わずかな望みをかけて、河口のある西に進みましたが、そこは湾に注ぐ単なる大きな川でした。

期待しただけに失望は大きく、船員たちはマゼランにいろいろな意見を言い出しました。

「安全に航海できる東の海路から、モルッカ諸島に向かうべきだ」

「せめてリオに引き返して、そこで冬をやりすごそう」

じつは、ここに至るまでも、船の進路について反対意見が出ることはありました。そのたびにマゼランは船員たちを説得。このときも、こう語りかけました。

「この海岸を数マイル南下すれば、必ず海峡を発見できるだろう。われわれはそこを通って航海し、冬は南の海の島ですごすのだ」

しかし、困難はつづきます。大時化にあおられて、5隻の船のうち、ある船は座礁し、またある船はマストが折られてしまいます。そのうえ、船底に穴があいてしまい、必死に水をかき出しながらの航海となりました。

「ここじゃないか？　いや……ちがうか……」

海岸線の割れ目を見つけては期待をいだき、またそれが失望へと変わっていきました。1隻の船は難破して残骸となり、船は4隻に減ってしまいました。

「苦難の連続」からの「歓喜」

サンタ・クルスという場所で、2カ月にわたって停泊すると、ふたたび出発する1520年10月18日の前夜、緊急会議が開かれました。そこでも「東へ海路を取り直すべきだ」という意見が、船長や船員の口から相ついだのです。それでもマゼランは、ただこう言うのみでした。

「われわれは海峡を探す、それが見つかるまで」

サンタ・クルスから南下すると、海岸は白い砂に覆われて、海峡のある様子はこれっぽっちもありませんでした。それでもあきらめずにマゼランは湾の中央へ2隻の船を送り出します。マゼランは残って、マストより高い大波に揺られる船をあやつりながら、2隻の船の帰りを待ちました。しかし、5日たっても帰ってきません。やはり海峡などなかったか……誰もが絶望的な気持ちになった、そのときでした。

「帆船2隻が、ものすごいスピードで近づいてくるぞ！」

そこには無事に戻ってきた2隻の姿があり、甲板では乗組員たちが飛び上がってよろこんでいました。西へとつづく海峡を発見したのです。

のちにこの海峡は、マゼランの名前をとってマゼラン海峡と呼ばれるようになります。

マゼランはついに、幼いころからの夢だった西回り航路を実現したのです。

心が折れないポイント

- 今いるメンバーがベストだと言い聞かせる。
- 人を動かすには「ビジョン」が大切。
- どんなことがあっても自分を信じ切る。

良寛(1758〜1831年)出雲崎の名主・橘屋山本家に生まれる。名は栄蔵。光照寺で座禅の修行を行ったのち、国仙和尚に従い出家。「良寛」と名乗る。35歳から数年間、諸国を放浪したのち、国上寺の五合庵で約20年間をすごす。1400首以上の和歌を詠んだ。

どんなときも「あるがまま」に生きた

良寛

よいことをすれば幸せになれるって、ほんと？

「すすんでよいことをする人は栄えるし、悪いことをする人は落ちぶれる」

江戸時代の終わり、幕末を生きた僧侶の良寛は、そんな意味の漢詩を書いています。

この良寛のメッセージを聞いて「そうかなあ」と疑いたくなる人もきっといることでしょう。

たしかに、世の中を見わたすと、よい行いをしている人が必ずしも報われているわけではありません。いや、むしろ、悪い行いをしているのに、要領よく切り抜けて、自分だけ得している人だっている。そんなふうに考えたとしても、無理はないのです。だって、良寛の言うように単純な世の中だったら、誰もイヤな思いはせずに済んでいるはずじゃないですか。

じつは、幕末の若者もそんなふうに良寛の言うことに、疑問を持っていたようです。良寛はちょっとムキになって、こんなことまで言っています。

「残念なことに、これからの若者が、愚かな者がゆたかで、賢い者が貧しいのを見て〈よいことをしても報われないいじゃないか〉と言っていたりする。これは、非常に愚かなことだ」

そんなふうに言い切る良寛はどんなふうに生きたのか。ちょっとのぞいてみましょうか。

一人で人生を楽しむ時間を大切に

良寛は1758年、新潟県中越地方の港町、出雲崎で生まれました。代々にわたり名主をつとめる「橘屋山本家」の長男です。名主とは、村の役人のことで、良寛もその跡継ぎとして期待されていました。

良寛がどんな子どもだったかについては、こんなエピソードが残っています。朝寝坊をしてしまい、お父さんに叱られたときのことです。良寛が上目づかいでお父さんのほうを見ると、さらにこんなふうに怒られてしまいます。

「親を上目でにらむやつは、魚のカレイになるぞ」

落ちこんだのか、良寛はそのまま姿をくらましてしまいます。心配した家族があちこち捜すと、波が打ち寄せる海岸の岩の上で、良寛がしょんぼり座っているではありませんか。

母親が走り寄って「心配したじゃないの！」と、抱き寄せると、良寛はぽつりとこう言いました。

「わしはまだ、カレイになっていないか……？」

お父さんが怒りのあまりにぶつけた言葉を、純粋な良寛は信じこんでいたのでした。

おとなしくて静かな少年だった良寛は、7歳になると漢学塾「三峰館」にかよい、意欲的に勉学に励みました。塾がいったん閉じたあとも、寺子屋に移って、和漢の読書に夢中になります。家でも本ばかり読むので、心配したお母さんは夕方になって、良寛にこう言いました。

「今日も朝からずっと本ばかり読んでいるから、たまには外に出て、思いっきり遊んできな！」

外に出て行く良寛を見送ってしばらくすると、庭に人影があることに気づきます。てっきり盗人が入ったと思ったお母さんが刀を持って近づいていくと、そこには、庭の灯篭の明かりで『論語』を読む良寛の姿がありました。

のちに良寛はこんな歌を詠んでいます。

「世の中に　まじらぬとには　あらねども　ひとり遊びぞ　我は勝れり」

世の中の人びとと、つき合わないというわけではないが、心のままに、一人で読書をしたり歌をつくったりしているほうが自分にとっては好ましいのだ――。

自由に一人でいる幸せを、良寛は何より大切にしたのです。

18歳で家出して修行の道へ

良寛は13歳になると、再開した「三峰館」に入学。親戚の家に寄宿して、そこから塾にかよいながら、『論語』などの四書五経（中国の代表的な儒教の経典の総称）はもちろん、『荘子』や『老子』についても学習しました。

みっちり学んだのち、18歳のときに良寛は実家に呼びもどされます。お父さんは、そろそろ息子に名主の仕事を継いでもらおうと考えていました。

ところが、良寛はある日、家を抜け出して、そのまま帰ってこなくなってしまいます。理由はよくわかっていませんが、お父さんの働く姿を見て、とても自分には村の役人はできない、と考えたのでしょう。

良寛は放浪しながら、寺を訪ねては仏教を学ぼうとしましたが、なかなかうまくいきませんでした。そもそも20歳にならなければ、正式に出家して僧になることができません。良寛は家出をした身ということもあり、どの寺でも出家をさせてもらえなかったのです。

それでも良寛は山に隠れながら、僧に教えを乞うために寺を転々としました。

「僧になる資格がとれなくても、ただ修行をするのみだ」

そんなふうに覚悟を決めていれば、不思議と道は開けるものです。良寛は「三峰館」の学友からアドバイスを受けて、光照寺に身を寄せると、円通寺の住職、国仙和尚がおとずれました。

国仙はひと目見て、良寛のことを気に入り、良寛もまた国仙の人柄に魅了されます。そして国仙から「大愚良寛」という僧名をもらうことができました。

家出してからすでに5年の月日がたち、22歳にして禅僧になった良寛。国仙和尚とともに円通寺へ行き、約12年にわたって修行を積むことになるのでした。

「これで十分満足」という意識を持つ

国仙和尚が亡くなると、良寛はボロボロの衣服を身にまとい、「托鉢」用の一つの鉢だけを持って、6年にもわたる全国行脚の旅に出ました。

托鉢とは、お経を唱えながら、人びとの家の前に立ち、生活に必要な最低限の食べ物などをもらう修行のことを言います。

「この托鉢こそが、自分の欲を少なくし、何事にも満足する意識を持つ修行だ」

そんなふうに考えた良寛は、人生にわたって小欲をつらぬきました。寺の住職になる道もあえて拒み、40歳からは家具もない小さな「五合庵」という小屋に住みつづけます。そんな良寛のよろこびは、こんなところにありました。

「草庵でひとり両足を伸ばすと、近くの田んぼからカエルの鳴き声が聞こえてきて、じつに楽しい」

子どもが大好きで、町を歩けば「良寛さーん」と、あちこちで気軽に声をかけられた良寛。まさに、これこそが理想の生活であり、「賢者の生き方」。良寛は善行を重ねたから、そこに到達できたといえるでしょう。

心が折れないポイント

- 「人にうらやましがられる生活」をめざさない。
- 一人の時間をすごせるありがたさを実感する。
- いかに自由に生きられるかを追求する。

ナイチンゲール(1820～1910年)フィレンツェ(現イタリア中部)生まれ。親はイギリスの富豪。1853年にクリミア戦争が起きると、野戦病院に赴任。献身的な看護を行い、「クリミアの天使」と称賛された。看護施設の創設と改善、看護師の教育制度の整備に尽力した。

ナイチンゲール

妥協をゆるさない姿勢で、患者の死亡率を激減させた

ナイチンゲールの名言がなんだか怖い

偉人たちの名言には、心が奮い立たされますが、なかには「それはちょっと……」と思ってしまうものもあります。

看護師のナイチンゲールの言葉が、その一つです。

1854年、イギリスとフランスがロシアに宣戦布告して、クリミア戦争に参戦。ナイチンゲールは看護チームを率いて戦地へと向かいました。敵味方も関係なく、傷ついた兵士たちを献身的に看護する姿は、「クリミアの天使」として話題をよぶことになります。

そんなエピソードからイメージすると、ナイチンゲールは他人への思いやりにあふれて、誰かが何か失敗しても「いいよ、がんばったね」となぐさめてくれそうで

す。しかし、ナイチンゲールはこんなきびしい言葉を残しているのです。

「すべて思いどおりになしとげるのでなければ、何もなさなかったのと同じである」

そんな極端な……。毎日のようにミスを連発するわたしとしては、ちょっと怖いなと感じますが、ナイチンゲールがそう言ったのには、理由がありました。

夢を反対されたときにとるべき行動とは？

イギリスの富豪の家に生まれたナイチンゲールは、何不自由なく、幼少期をすごしました。19歳で社交界にデビューし、舞踏会、音楽会、歌劇に出かけるなど、華やかな青春時代を送ります。

ナイチンゲールの両親が望んだのは「家柄のよい男性と結婚すること」。ただそれだけでした。

しかし、ナイチンゲールは、騒がしいパーティに出て結婚相手を探すことに、どうしても夢中になれません。全力で打ちこめるものが何かないかと、考え抜いた結果、ナイチンゲールは気がつきます。別荘の近くに住んでいた貧しい人びととの世話をしたり、重病人をかかえた家族のケアをしたりするときに、もっとも生きがいが感じられるということに。

ナイチンゲールは25歳のときに、こんな思いを持つようになります。

「病院に収容されている患者さんにかかわる仕事がしたい」

しかし、当時の看護師は、今では考えられないほど、イメージの悪い仕事でした。病院はシーツを替えないのが当たり前で、壁はコケでびっしり。不衛生な環境のなか、入院するとかえって症状が重くなるくらいです。

そんな病院で働く看護師も、勤務中に酒をちびちび飲むような老女ばかりで、「酒に酔っていない看護師などいない」と言われていました。

両親から「看護師という恥ずべき仕事を口にするな」とまで言われてしまったナイチンゲール。働かなくてもよい恵まれた環境にいながら、なぜ過酷な仕事を選ぶのか。両親が理解できなかったのも、無理はありません。

せっかく見つけた自分の目標を、両親から全否定されたならば、あなたならどうしますか？

やる気がそがれてあきらめてしまう人もいれば、両親の反対を押し切って夢につき進む人もいることでしょう。いずれにしても、はっきりしない状態から抜け出したいとき、「目標を変える」か「目標につき進む」か、どちらかから選びがちです。

ところが、ナイチンゲールはちがいました。「とりあえず、今やれることをやってみる」という道を選んだのです。

看護師とはどんな仕事なのか。貧民学校や救護所を見学。両親との海外旅行のあいだですらも、病院めぐりを行っています。母と姉と3人でドイツの温泉に行ったときは、看護師養成所に3カ月以上も滞在しました。そうして病院の調査を数年もつづけていると、両親もそこまで反対しなくなったようです。

目標を達成するにあたって、なんらかの障害がある場合は、まずは今やれることからやってみる。そして自身をアップデートしながら、改めて目標を見つめてみてはどうでしょうか。

最悪な状態の病院を一つずつ改善した

ナイチンゲールは33歳のときに、ついに夢をかなえます。ロンドンの病院で看護師の監督として雇われることになりました。

そこで経験を積んだのち、クリミア戦争に看護師として従軍。看護師チームを率いて戦場へとおもむきますが、野戦病院は悲惨な状況でした。その衝撃をナイチンゲールはこうふり返っています。

「ヨーロッパで劣悪な環境にある住宅はよく見てきたが、夜の野戦病院にくらべたら、まだマシだとわかった」

ベッドが足りないうえに、シーツはキャンバス製で寝ていられないほど硬いもの。負傷兵は毛布の上に寝たがったほどでした。洗面器やタオル、石鹸もなければ、食事に使うナイフやフォークにスプーン、お盆すらありません。

燃料はいつも不足しており、料理もろくにできないばかりか、洗濯もままなりません。医療用器具の不足はより深刻で、患者を運ぶ担架や包帯、よく使われる薬品さえも不足しているありさまでした。

そんななか、ナイチンゲールは持って来た救援物資を活用しつつ、病院に物品を支給しようと動き出します。

ところが、役所の壁が立ちはだかります。あるときは、病に苦しむ兵士たちが身に着けるものとして、ナイチンゲールは2万7000着のワイシャツを要請。政府から送られてきましたが、役所からは「会議で確認するまで、荷をほどいてはいけません」と命じられてしまいます。結局、荷物を開けるまでに3週間もかかり、そのあいだ傷病兵たちは半裸ですごしました。

それ以来、ナイチンゲールは役所を無視して、自分の権限で物資を管理。届くのが遅いと、制度自体の改善を政府に提案し、倉庫の管理方法を変えさせたこともありました。

さらに、これまで不規則でメニューも粗末だった病院食を、きちんと時間どおりに、おいしいものを提供するようにしました。洗濯場も整備し、消毒や換気、清掃を徹底。そうして病院の衛生状態を大幅に改善したところ、なんと兵士の死亡率を半減させることに成功したのです。

自分の指令に従わない者がいれば、医者が相手でも「しかし、そうしなければなりません」と一歩もゆずらなかったナイチンゲール。ここで彼女の名言を、改めて見てみることにしましょう。

「すべて思いどおりになしとげるのでなければ、何もなさなかったのと同じである」

問題だらけの現状を一から変えるには、それくらいの覚悟が必要だったのです。

困難に心が折れそうになったとき、ナイチンゲールの不屈の魂を思い出せば「まだまだやれる！」と、心に火がつくことでしょう。

心が折れないポイント

- 苦しくても、決めたことを徹底して行えば、必ず成果が出る。
- 悪い環境ほど、改善したときの飛躍はすさまじい。
- 誰よりも汗をかけば、文句は意外と言われない。

湯川秀樹（1907~1981年）東京府生まれ。京都帝国大学理学部物理学科卒業。「素粒子の相互作用について」を発表し、中間子の存在を予言。1949年にノーベル物理学賞を受賞。日本人初の受賞となった。京大基礎物理学研究所所長などを歴任。

落ちこぼれから日本人初のノーベル賞を受賞した

湯川秀樹

無口な「イワンちゃん」のすごい集中力

賢者たちの人生を見ていると、実感することがあります。

それは、「まわりから評価されない」「認めてもらえない」からといって「自分はこんなものだろう」と決めつけることが、いかにもったいないか、ということです。

日本人で初めてノーベル賞を受賞した、物理学者の湯川秀樹。「賢者」として名前を挙げるのにふさわしい人ですが、みなが認める優等生とはほど遠く、大学の講師になってからも、教授に叱られたりして……。

湯川はどんなふうにして偉業を成しとげたのでしょうか。

「父が勉強を強いたことは、一度もなかった」

そうふり返る湯川ですが、父の本棚が湯川の好奇心に火をつけたようです。

湯川の父は、地理の専門家でありながらも多趣味で、何か一つのことが気になると、そのジャンルの本を買い集めたそうです。

そんな環境のなか、湯川が夢中になった本が、豊臣秀吉の出世ストーリーを描いた『太閤記』です。のちの物理学者が好む本としては意外ですが、秀吉にハマった理由を自身でこう書いています。

「開拓者的なスケールの大きさにも、魅力があったのだろう」

出世する口達者な秀吉にあこがれながらも、湯川自身は口数が少なく、授業であてられると、答えがわかっていてもうまく答えられませんでした。友人や家族の前では、めんどうなことはすべて、このひと言ですませたといいます。

「言わん」

そのガンコさは、まわりから「イワンちゃん」とあだ名をつけられるほど。一方で、積み木やパズルを与えられると、周囲もおどろくほど集中力を発揮したとか。

こうと決めたら、その道をつき進む――。そんな湯川の静かなる情熱は、やがて

「理論物理学」という学問に注がれることになります。

友人のひと言で視界が広がった

勉強は好きだけど、試験のための勉強となると、やる気が出ない……そんな中学生だった湯川は、ただ頭に詰めこむ暗記モノが大の苦手。

その代わりに夢中になったのが「数学」でした。数学のなかでも、図形や空間の性質について研究する「幾何学」に湯川は魅了されます。

「何よりもわたしをよろこばしたのは、むずかしそうな問題が、自分一人の力で解けるということでした。幾何学によって、わたしが考えることのよろこびを教えられたのである」

なかなか解けない問題に出会うと、湯川はうれしくなって、何時間もかけて難問に挑みました。そんななか、中学校を卒業するころに、ある新聞記事の見出しが、目に飛びこんできました。

「アインシュタイン博士、来日」

のちにアインシュタインと同じ物理学の道へとつき進む湯川にとっては、またとない機会です。しかし、湯川は関心を持ちながらも、京都での講演会に足を運ぶことまではしませんでした。

のちに「わたしはどうしてそんなにうかつだったのか」と後悔しますが、湯川自身は「自分がこれから何をするべきか」が見えていない時期だったのです。

ただ、学校での物理の実験がおもしろくなってきたころではありました。一緒に実験していたパートナーから「君はアインシュタインのようになるのだろう」と言われたのが、湯川の頭には妙に残っていたようです。

「そのひと言はわたしの舟を取りまいている氷に、目に見えぬひびを入らせたようであった」

高校の授業でさらに物理に関心を持つと、湯川は京都帝国大学の理学部に進学。「理論物理学」の道へとひた走ることになります。

人生最初の論文が世界をおどろかせることに

しかし、理論物理学は日本ではまだそれほど研究されていない分野なので、海外の文献を読み、自分で学んでいくほかありません。図書館に入りびたりながら「新しい量子論の論文はないか」と資料をあさる日々をすごします。

「一体、何から手をつければいいのか……」

学ぶべきことの多さに、途方に暮れたこともありました。読むべき論文は日に日に増え、理論物理学がどんどん体系化されていくことに、湯川はあせりを覚えます。

「開拓すべき未知の分野は、一体、どこに残っているのであろうか。わたしが理論物理学者になろうとしたのは、手おくれではなかっただろうか……」

学んだからこそぶつかる壁は、さらに学ぶことで突破できることがあります。湯川もやがて気づきました。理論物理学には「量子論」と「相対論」の2本柱があり、まだまだ研究すべき分野がたくさんあることに。

大学卒業後は、大阪帝国大学理学部に講師となった湯川ですが、なかなか実績を上げられません。教授からこんなふうに怒られてしまいます。

「君は大学を卒業して5年もたっているのに、論文を1本も書いていないじゃないか。こんなことではダメだ。さっさと論文をまとめなさい」

完全に落ちこぼれあつかいですが、ようやく湯川は27歳のときに初めての論文を英語で書き上げます。

そのタイトルは「素粒子の相互作用について」。「中間子理論」として学会に発表しました。ただ、その内容が物理学の常識から逸脱していたため、ほぼ無視されることになります。斬新な論文は、湯川のこんな疑問から生まれました。

「原子核の中で、どうして陽子と中性子がバラバラにならずにいられるのか」

仮説を立てては、打ち消すことのくり返し。陽子と中性子がバラバラにならないのは、両者を結びつけるものがあるはず。それは何なのか。

ちょっとした発想も忘れることがないようにと、湯川は枕元にノートを置くようにしていました。すると、ある晩こうひらめいたのです。

「陽子と中性子は、何か別の粒子をキャッチボールしているのではないか？」

湯川はこの粒子を「中間子」と名づけて、学会で発表したのでした。

国内の学会ではスルーされましたが、論文発表から13年後、イギリスの学者によって、正しさが証明されました。そして、ノーベル物理学賞受賞という快挙をとげます。日本人初のノーベル賞の受賞でした。

新しいことに挑戦すると、どうしても不安になりがちです。しかし、そこも含めて楽しめると、大きく成長できるはず。湯川はこう言っています。

「新しい物理学は、これから先どうなるのか、はっきりわかりません。しかし、はっきりしないところがおもしろいのです」

心が折れないポイント

- たくさんの本を読んで、自分の興味関心を日々探る。
- 不安になるのは、未知の世界に挑戦しているからこそ。
- 「どうなるかわからない」からこそおもしろい。

トーベ・ヤンソンはアーティストの両親の影響で絵を描く道へと進む
画家として順風満帆な日々を送っていた18歳のときに第二次世界大戦が始まる！
戦地で命を落とす身内がいたり食料不足に悩まされたりしているうちに…
絵を描く気力がなくなった…戦争のせいだわ
こうなったら…！
こんな絵を描いて大丈夫なのかな…？
でも見てるとスッキリするわ
トーベの風刺画は戦争にうんざりしている人たちの気持ちを晴らしてくれた
あの仕事で一番楽しかったのはヒトラーやスターリンをこてんぱんにこきおろせたことね

トーベ・ヤンソン（1914〜2001年）フィンランドのヘルシンキ生まれ。挿絵画家、風刺画家、短編作家として活躍。20歳のときに『小さなトロールと大きな洪水』を皮切りに「ムーミン」シリーズを発表。国際アンデルセン大賞をはじめ、数多くの賞を受賞した。

風刺画で戦争を批判しつづけた トーベ・ヤンソン

大嫌いな学校をやめて芸術家の道へ

「賢者」とは、何も学校の成績がよい優等生のことをいうのではありません。

世界で愛されるキャラクター「ムーミン」の生みの親トーベ・ヤンソンは、学校が大嫌いでした。トーベにとって、学校は刑務所のような窮屈さを感じるばかりで、時にはイジメを受けることさえありました。

授業では特に算数が大嫌いで、学校あての手紙を母に書いてもらい、授業を免除してもらったほど。絵を描くのは大好きでしたが、美術の授業は好きではありませんでした。教師からこまかく指示されるのが、イヤで仕方がなかったのです。

それでも、トーベがまぎれもなく賢者だとわたしが考えるのには、理由があります。それは、どんなに絶望しても、自分らしく生きる姿勢をつらぬいたからです。トーべが直面した絶望、それは「戦争」でした。

トーベが大嫌いな学校から脱出したのは、16歳のときのこと。両親のゆるしを得て、学校を中退。芸術について学べる学校なら、と考えたのでしょう。ストックホルムにわたって、叔父の家からスウェーデン芸術大学の芸術工学科にかようようになります。

トーベが絵を描くのを好きになったのは、両親の影響が大きかったようです。なにしろ、お父さんは彫刻家で、お母さんは挿絵画家です。

家のあちこちにはお父さんが制作途中の石膏の型があり、テーブルの隅では、お母さんが本の表紙や挿絵を描いている……そんな芸術作品に囲まれる環境で、トーベは弟たちとともに育ったのでした。

特にお母さんから受けた影響は大きく、同じように絵を描く道へと進んでいきます。14歳のときに、トーベは自分の描いた絵が初めて雑誌に掲載されると、翌年には、いくつもの雑誌で挿絵を描くようになりました。

芸術大学で挿絵と広告制作について学んだトーベは、装飾画の授業では一番の成績をとり、絵画の才能を育みました。卒業後は実家に帰り、お父さんもかよっていた「アテナウム」と呼ばれる美術学校の絵画コースに所属しています。

18歳になると、お母さんと一緒に初めて展覧会に絵を出品。トーベは学校にかよいながらも、挿絵やポスターなど数多くの仕事をこなして、さらに大小かかわらず展覧会に出品するなど、アクティブに活動しました。

若手の芸術家に与えられる賞も受賞して、まさに順風満帆の日々。画家として明るい未来につき進んでいく最中に起きたのが、第二次世界大戦でした。

ヒトラーもスターリンも怖くない！

戦争が始まると、トーベは大好きな絵を描く気力さえも失いそうになります。戦地に送られた友人もいるなか、身近な人が命を落としたという悲報を聞くことも増えていきます。

これまでの当たり前が当たり前でなくなってしまいました。食料不足も悩みの種です。平和を愛するトーベは、こんなふうに嘆いています。

「この世界にはもうわたしたちの居場所はない。絵を描くのはいつだってむずかしかったけれど、今ではちっとも描こうという気になれないの。戦争のせいだわ」

しかし、生活していくためには、絵を描く手を止めるわけにはいきません。質の高い絵をどんどん描き上げるお母さんの姿を、いつも見ていたからでしょう。トーべは戦争の悲しみをかかえながらも、本や雑誌の挿絵を精力的に描きつづけました。

そのなかでも特に注目されたのが、戦争を批判した風刺画です。トーベは政治問題を取り上げる雑誌『ガルム』に風刺画を描きつづけました。トーベは戦争が始まる前から、ナチス・ドイツを率いるヒトラーに批判的でした。

ある絵では、少女が「ママ」としゃべる人形をほしがりますが、おもちゃ屋さんの店員はこんな説明をしているというシチュエーションを描いています。

「〈ハイル・ヒトラー〉と言う人形しか、もうないのよ」

ほかにも、「点ける、点けない……」と花占いで爆弾に点火するかどうかを決めようとしているヒトラーの絵を描いたこともあれば、周囲の大人たちがいろんな国旗を描いたケーキや、地球儀のようなケーキを持ってくるなかで、中央でヒトラーが泣きながら「もっとほしい！」と駄々をこねる姿を描いたこともあります。

戦争が始まると、フィンランドはドイツと手を組んで、ソ連に対抗しようとしていました。今でこそヒトラーは戦争を引き起こした独裁者として知られていますが、当時のフィンランドでは、自国をソ連の侵攻から守ってくれる存在だと考える国民もいました。そのため、ナチスを批判する新聞は、フィンランド国内からも批判を受け、なかには廃刊に追いこまれたものもあります。

そんなムードのなか、トーベの描く反戦的な絵や、ヒトラーをバカにする絵は、国の方針や世論に対して真っ向から逆らうものでした。

周囲から心配する声もあがりましたが、それでもトーベはユーモアあふれる批判を風刺画で表現することをやめませんでした。風刺画の仕事について、大胆にもこんなふうにふり返っています。

「あの仕事で一番楽しかったのは、ヒトラーやスターリンをこてんぱんにこきおろせたことね」

トーベの風刺画は、内心では戦争にうんざりする人たちの気持ちを晴らしてくれる、一服の清涼剤となったのでした。

自分たちとちがう世界を受け入れるムーミンたち

トーベがムードに流されず、風刺画で戦争を批判しつづけられたのは、ひそかに自分だけの「隠れ家」を見つけていたからでしょう。

戦争でつらい気持ちになり、仕事に心が向かわないとき、トーベは現実逃避をするかのように、物語を書き始めます。

といっても、王子さまや王女さまが出てくる物語は、どうにも書く気が起きませんでした。そこで以前から風刺画を描くときに、サイン代わりに描いている、不思議な生き物のことを思い出しました。

「あの生き物を主人公にしよう。名前は……ムーミントロールがいいわね」

戦争に風刺画で果敢に対抗したかと思えば、戦争のない世界にあこがれてムーミン谷の生活をつくり上げたトーベ。どちらのトーベもいたからこそ、戦争を乗り越えて描きつづけることができたのでしょう。

ムーミン一家について、トーベはこんなふうに語っています。

「ムーミン一家の一番の特徴は純粋さです。自分たちとちがう世界を受け入れること、登場人物たちが互いに仲がよいことが大きな特徴なのです」

トーベが戦時下に、自分のために描いた多様性あふれる世界は、今なお多くの人たちの心をやわらげてくれています。

心が折れないポイント

- 好きなことに打ちこめる環境をつくる。
- いつでもユーモアを忘れない。
- 自分たちとちがう世界を受け入れよう。

まだまだいた！

やっぱり「心が折れない」賢者たち

くじけそうなところでギリ耐えた 大逆転の賢者たち

「これ以上はがんばれない……」と追いつめられた賢者たちもいます。

鎌倉幕府が崩壊後、**足利尊氏**は後醍醐天皇を比叡山に追いやり、京都を支配し、光明天皇を擁立します。すべては順調に思えましたが、本人としては「もーしんどい！」状態だったようです。清水寺にこんなお願いごとをしています。

「この世ははかない夢のようなもの。どうかわたしに信仰心を授けて、後生をお救いください。わたしは一刻も早く、この俗世から逃れて仏門に帰依したいのです」

このとき尊氏はまだ31歳。出家するには早すぎますが、天皇に背いたことへの後悔もあったようです。自分は出家して「政務は弟にすべてまかせる」と言い出したのですから、周囲が慌てたことはいうまでもありません。その後、気持ちを立て直した尊氏は、室町幕府を開くことになります。

アメリカの**O・ヘンリー**の場合は、銀行のお金を横領してしまい、逮捕されました。監獄での生活があまりに過酷で、自殺者も相つぐなか「無理かも……」という状況に陥ったO・ヘンリー。しかし、そこから周囲の囚人たちに「どんな犯罪を？」とインタビューし始めたことで、人生が変わります。出所後、短編作家として大活躍するのでした。

思えば、あの**孔子**ですら、「天下は秩序乱れてわたしの理想にほど遠い、もういかだに乗って海外にでもいこうか」とヤケクソになったことがあるくらいです。大事なのは、開き直りです。

第2章
ピンチをチャンスに変えた賢者(けんじゃ)たち

吉本せい（1889〜1950年）兵庫県明石市で米穀商をいとなむ父の三女として出生。寄席経営に乗り出し、夫の死後は実弟の林正之助・林高弘とともに事業を展開。1932年に吉本興業合名会社を設立する。NHK朝ドラ『わろてんか』ではヒロインのモデルに。

アイデアで難局を突破して お笑い帝国をつくりあげた 吉本せい

やりたいことが見つからなくてもいい

「自分のやりたいことをやればいいんだよ」

「好きなことを見つけよう！」

そんなふうに、あちこちで言われるけれど、「これだ！」というものが、なかなか見つからない、そんな人もいることでしょう。それでも心配することはありません。「興味や関心がない」ということが、かえってよい場合もあるからです。

「吉本せい」という経営者がまさにそうでした。その名は聞いたことがなくても、彼女がつくった「吉本興業」という会社は、知っている人も多いことでしょう。

そう、お笑いで有名な「ヨシモト」を一代で築き上げたのが、吉本せいです。しかし、じつのところせいは、会社をつくったときには、まったくお笑いが好きではなかったのです。一体どういういきさつがあったのでしょうか。

3歳年上の夫が遊んでばかりで働かない

せいは、兵庫県明石市に出生後、大阪市の天神橋という商業の中心地で、商売人の娘として育ちました。幼いころから家業を手伝い、小学生になるころには、一人で店番をしていたそうです。

それでいて、学校での勉強もおろそかにせず、尋常小学校（今でいう小学校1年～4年）を優秀な成績で卒業しています。せいの下には、7人の弟や妹がいたため、子守りもしながら、商いの手伝いや勉学に励みました。「お笑い帝国」を築き上げたせいのエネルギッシュさは、幼少期からつちかわれたものだったのです。

しかし、18歳で結婚したことで、せいの運命は大きく変わります。相手は、荒物（生活雑貨）問屋の息子で、せいより3歳年上の吉本吉次郎です。この結婚によって「吉本せい」となるわけですが、「あれ？」と思った人もいるはず。

そう、夫の職業をみても「お笑い」とはまったく関係ありませんよね。ところが、この夫の吉次郎は落語や芝居見物に夢中で、まるで仕事をしませんでした。お気に入りの芸者を連れて遊びまわったばかりか、自分も舞台に立って、剣舞を披露することもありました。地方へ遊びに行ってしまうと、1年半も帰って来ないことも……。

これではまるで、芸人と結婚したようなものです。それでも、家業がうまくいっていればよいのですが、経営は火の車でした。せいは帳簿をつけながら、ため息ばかりついていたことでしょう。

やがてせいは妊娠しますが、夫は相変わらず、遊んでばかり。ついには、荒物問屋の廃業を決めてしまいます。

相手がやる気の出る状況に自分が乗っかる

吉次郎が無職になってから、3年の月日が過ぎました。幼い子どもをかかえたせいは、いつ心が折れてしまってもおかしくない状態です。

「こんな人と結婚しなければよかった……」

そんな愚痴もこぼしたくなるなか、転機は突然おとずれます。大阪天満宮の裏にある寄席が経営不振で廃業を決めると、吉次郎がこんなことを言い出したのです。

「つぶれるなら、買収して、寄席の経営をしよう」

これには、お笑いとは無縁のせいも「おいおい」とツッコミたくなったことでしょう。まず、寄席を廃業したのは、お客さんが来なかったからにちがいありません。買収したところで、立て直すのはかなり難しいはず。

それ以前に、そもそも買収するためのお金もありません。「何を夢みたいなことを言っているの！　あなたは父親なのよ！」と、一喝してなんとか働かせようとするのが、当然の反応でしょう。

しかし、せいはちがいました。どうせならば、夫が一番好きなことをやらせてみようと、一か八かの賭けに出ることを決意したのです。

一度決めたら、せいの行動には迷いがありません。

資金についてはせいが自分の父に頭を下げて、なんとか説得して、お金を借りることに成功。それでも足りない分はほかのところをあたって、借金をしながら資金をかき集めました。

借金まみれになりながら、まさに背水の陣で、せいは吉次郎と寄席の経営へと踏み出したのです。1912年、明治45年のことでした。

客の行動を徹底的に分析して「えげつない作戦」も

さあ、そうなれば、なんとか寄席の経営を成功させなければなりません。せいは寄席に来たお客さんを席に案内したり、下駄の泥を落としたりと、せわしなく働きながら、その目はしっかりと客の行動をとらえていました。

まず、せいがやったことは、客が座る間隔をできるだけ詰めて、一人でも多くの客が座れるように、わずかなすき間があれば、強引に座布団をねじこみました。つまり、収容人数を増やすために、客を会場にすし詰めにしたのです。

また、小屋の空気をわざと入れ替えず、熱気あふれる状態にするようにしていました。息苦しくなった客が退場してくれるので、その分、客の回転数が上がるというわけです。

そこまでやるか、とおどろかされますが、そのうえ、せいは客の行動原理に沿った新しい儲けのアイデアもつぎつぎと考え出しています。

夏になると、会場の暑さから寄席の客が少なくなることに気づくと、せいは１本２銭で冷やし飴の販売をスタート。ただ売るのではインパクトがないので、氷の上に瓶を転がしながら「ゴロゴロ飴、よう冷えてまっせ！」と客を呼びこみました。

また、売店でラムネやジュースなど飲み物がよく売れるように、あえて甘い物を売らず、おかきやせんべい、酢昆布やスルメなど、しょっぱいものを重点的に売りました。「飲み物を売りたいならば、客の喉がよく乾くように仕向ければよい」という発想です。

よくもこれだけ、アイデアが出るなあ、と感心してしまいますが、せいが芸事に興味がなかったことが、プラスにはたらきました。「客がウケるかどうか」とはまったくちがう「売り上げにどうつなげることができるか」について、つねに頭をフル回転させることができたのです。

こうして、働かない夫を働かせるために始めた寄席ビジネスが、お笑い帝国「吉本興業」へと発展していくことになるのですから、人生というのはわからないものですよね。

せいのように、「やりたいこと」よりも「やれること」を徹底することで、人生の道がひらける場合もあるのです。

心が折れないポイント

- 相手には期待せずに、自分のやれることを考えよう。
- サポート役に徹することで、むしろ主導権を握れることも。
- どんな悪条件も、アイデア次第で逆転できる。

葛飾北斎（1760～1849年）江戸時代後期の浮世絵師で、化政文化を代表する一人。6歳ごろから絵に興味を持ち始め、勝川春章ほか、多くの師のもとで画法を学んだ。代表作『富嶽三十六景』『北斎漫画』などで、海外でも高く評価されている。

先輩に絵をビリビリに破かれた屈辱から世界の浮世絵師に

葛飾北斎

思い出したくない過去をエネルギー源に

「どうして自分だけがこんな目にあうのだろう」

昔のことを不意に思い出してしまい、悔しくて、悲しくて眠れなくなった……そんな夜が誰にでもあるでしょう。

できれば、イヤな記憶は心の奥底にしまっておきたいものですが、むしろ、何度も取り出しては、苦しい思い出を味わったのが、江戸時代の浮世絵師、葛飾北斎です。北斎は、本来ならば思い出したくもないような屈辱的な過去を、むしろ、前進するためのエネルギーに変えていたのです。

「え！　あの北斎がそんな悔しい思いをすることなんてあったの？」

と、おどろく人もいるかもしれませんね。

北斎が描いた作品への評価は、日本国内よりも、むしろ海外のほうが高いと言われています。

北斎が残した数多くの作品の中でも、代表作『富嶽三十六景』では、さまざまな角度から見た各地の富士山が描かれています。天才画家ゴッホも絶賛していたことが、弟への手紙でわかっています。

作曲家のドビュッシーも、この浮世絵から着想を得て、交響詩『海』を作曲しました。世界が誇る偉人の仕事に、北斎は大きなインスピレーションを与えたのです。まさに日本が誇る偉人中の偉人、葛飾北斎。一体、どんな子ども時代を送ったのかが気になりますが、じつは記録が少なくてよくわかっていません。

ただ、作画に興味を持ち始めたのは6歳のころだったといわれています。13歳にもなると、手伝っていた貸本屋で本の挿絵をのぞいては、絵の勉強をしていたとか。大体、今でいうところの中学生くらいから、絵をちゃんと勉強し始めたということですね。

意外にも、北斎が一番初めに弟子入りしたのは、彫刻家のところでした。北斎は入門後、数年もすれば、文字彫りを担当するようになります。のみこみが早かったんでしょうね。

そこから浮世絵に方向転換したのは、19歳のときでした。ですから、みなさんも20歳くらいまでに「ちょっと興味あるかも？」ということにできるだけ手を出しておいて、方向性を少しずつ定めていくとよいかもしれません。

北斎は、勝川春章に弟子入りし、浮世絵師としての人生をスタートさせました。絵師デビューを果たしたときの名は「勝川春朗」。15年間で浮世絵版画を約２００点以上、挿絵本を50冊以上と、かなりの多作でした。

それだけすさまじい量を猛スピードで描いていたにもかかわらず、北斎は貧乏でした。

あまりにも貧しいため、七色（七味）唐辛子を売り歩いていた時期もありました。ほかにも暦（カレンダー）売りをやったときには、浅草で前の師匠とばったり出くわして、気まずい思いをしたことも……。

しかし、どれだけ貧しくても、北斎は絵の道につき進みます。いつも心を支えたのが、「思い出したくもない過去」だったのです。

目の前で看板を破り捨てられる

一体、どんなひどい目にあったのでしょう。

あるとき、北斎は絵草紙（絵の入った読み物）の問屋のために看板を描きました。

問屋は非常によろこんで、店先にその看板を飾っていたそうです。

ところが、そこに師匠・勝川春章の高弟である勝川春好が通りかかり、事件が起きました。春好は「なんとヘタな絵だ」と、本人の目の前で看板をけなして、さらにこんな暴言を吐いたのです。

「こんなものをかかげていては、師匠の恥をさらしているようなものだ」

そして春好は北斎が見ている前で、その看板をビリビリ！　なんと引き裂いてしまったのです。

「な、なんてひどいことを……」

屈辱に北斎は打ち震えんばかりでしたが、相手は兄弟子です。逆らうことなどできません。その場はなんとか怒りを抑えて、北斎は心で誓いました。

「わたしは、世界一の画工になる！　絶対になるぞ！」

それからというもの、北斎は師に内緒で、ほかの絵師のところにもかようようになります。ルール違反でしたが、兄弟子を見返すためには、もっともっと絵がうまくならなければならないため、そうするほかありませんでした。

結局、そのことがバレて、破門されてしまいます。それでも、北斎は画法を変化させながら、さまざまな様式にも挑戦。じつに70年間にも及ぶ創作活動で、膨大な数の作品を残しました。

最初こそは、兄弟子を見返すために、必死に腕を磨いていた北斎でしたが、しだいに、修業そのものに夢中になっていきました。北斎は兄弟子の仕打ちについて、のちにこうふり返っています。

「わたしの画法が上達したのは、あのとき春好に辱めを受けたおかげだ」

90歳で「あと10年生かしてくれ！」と叫んだワケ

とにかく絵を描くことしか頭にない北斎は、私生活はめちゃくちゃ。部屋は散らかり放題で、汚くなると掃除……するかと思いきや、なんと引っ越してしまいます。生涯で引っ越しをした数は、じつに93回！　掃除をめんどうくさがる性格は、見習ってはいけないところですが、それだけ夢中になれることを北斎は見つけたということでしょう。

自分の名前についても、北斎はテキトーそのもので、「春朗」「宗理」「可候」「辰政」「画狂人」「戴斗」「卍」など、何度も名前を変えています。

事情があって変えたときもありましたが、実績を積んでは、その名前を弟子に譲って収入を得ていたといううわさもあります。北斎の生活の苦しさを思えば、あながち外れてもいなさそうです。

１８４８年、北斎は93回目の引っ越しで、浅草聖天町に移りました。80歳ごろからはもっぱら肉筆画を描き、転居の翌年には、数点の作品を完成させていました。

ところが、その年に北斎は、病気で床に臥してしまいます。娘や弟子、旧友が見舞いにおとずれましたが、もはや医者の力でも、どうすることもできません。90歳で亡くなった北斎は、死ぬ間際にこう叫んだと伝えられています。

「あと10年、いや、せめて5年、生かしてくれ！　そうすれば、まことの絵描きになってみせるものを……」

人生には限りがある。だから、日々の努力を惜しまない。シンプルですよね。賢者に共通したスタンスかもしれません。

心が折れないポイント

- 「悔しい思い」は飛躍のための助走。
- 貪欲に学びつづける姿勢を失わない。
- ずっと夢中になれることを見つけよう。

1869年(明治2年)鉱山解放令が布告
石炭事業に乗り出すまたとない機会!
新しい経営者は女らしいぞ
けっ 女に炭鉱の何がわかるってんだ!
坑口
わたしが現場から逃げていてはいけない…!
ザッ
おお!
女経営者が炭鉱に!!
ぐっ
ガッ
ガッ
オ…オレたちも負けてられねぇ!
身を削った努力が実り採掘場、炭鉱員、産出量が飛躍的に増えた!!

広岡浅子（1849～1919年）幕末の京都で、小石川三井家に生まれる。17歳で大坂の豪商・加島屋に嫁ぐと、商売に関心のない夫に代わり、経営に参画。銀行事業や炭鉱開発等に進出して、家業の立て直しに尽力した。日本女子大学校(現・日本女子大学)設立にも携わった。

つぶれかけの家業を立て直した明治の実業家

広岡浅子

ピンチに巻きこまれたらチャンス？

どうして自分がこんな目にあわなければならないのだろうか。

理不尽なことに巻きこまれれば、そう嘆きたくもなるでしょう。人生の困難というのは、往々にして、自分の責任ではないところから降りかかるもの。不運を恨む人たちのため息が、今この瞬間にもあちこちから聞こえてきそうです。

しかし、ピンチに巻きこまれたとき、人は思わぬ力を発揮します。自力でどうにかするしかない状況は、それがどんな理由であれ「自分が活躍する絶好のチャンスだ」とも考えられるのです。あなたに、何かしらの役割が与えられたわけですからね。

「そんなの冗談じゃない！　なんなの一体、この状態は……」

実業家の広岡浅子が聞けば、そう言って頭をかかえたことでしょう。

浅子は京都で小石川三井家、第6代当主・三井高益の庶子（結婚していない男女のあいだに生まれた子ども）として生まれました。三井家では活発にすごした浅子でしたが、17歳で嫁入りしたところ、とんでもない目にあうことになります。

「この家は、このままでは没落する……」

呆然とした浅子は、ピンチをどうやってチャンスに変えたのでしょうか。

読書がゆるされて本を読みまくる

浅子が嫁いだ先は、大坂の豪商・加島屋をいとなむ広岡家でした。豪商とは、巨額の利益を得ている富豪の商人のことです。

結婚してすぐに浅子がびっくりしたのは、8歳年上の夫・広岡信五郎が怠け者で、まるで仕事をしないこと。三味線や茶の湯など、もっぱら趣味に明け暮れるばかりでした。

「この人と結婚してよかったんだろうか……」

浅子が呆れたのは、夫のぐうたらぶりだけではありません。加島屋の人びとは、歩ける距離でも、カゴに乗って移動。ちょっと外出するときでも、キレイな着物をまとって出かける、といったぜいたくぶり。

浅子が育った三井家は日々倹約に励んでいただけに、その環境のちがいに、浅子は強い危機感を覚えました。

「このようなことでは、ずっと家業が繁栄するとは思えない。この一家の運命は、わたしの肩にかかっている……」

悲壮感にも似た決意を固めた浅子でしたが、結婚してよかったこともありました。それは「自由に本を読んでよいこと」。

もともと浅子は読書が大好きでしたが、三井家では、自由に書物を読むことができませんでした。「女子には学問など不要だ」と言われて、三味線、琴、裁縫、茶の湯と、きびしい花嫁修業が行われたのです。のちに浅子はその理不尽さに気づきます。

「女子といえども人間だ、学問の必要がないという道理はない」

その点、夫の信五郎は自分が好き勝手やっているせいか、浅子の意思を尊重してくれました。浅子は読書や勉強に思う存分、時間を使うことができたのです。

「簿記法・算術・その他、商売上に関する書籍を、眠りの時間を割いて、夜ごとに独学し、一心にこれが熟達を計りました」

そうして浅子はあるビジネスを思いつきます。それは、石炭事業です。

現場に足を運んで実際に観ることを重視した

１８６９年、鉱山解放令が布告されることを知ると、浅子は「石炭事業に乗り出すまたとない機会だ」と考えました。

「来年からは鉄道の敷設工事もスタートする。蒸気機関車の燃料として、多くの石炭が必要となるんじゃないだろうか」

浅子は金策に走り回りました。結婚時の持参金を資金にあててまで、費用をかき集めたのです。そして、明治という新しい時代の風を敏感に感じて、新事業を立ち上げることになりました。
１８８４年、浅子は潤野炭鉱で採掘される石炭の販売代理権を獲得します。名義上こそ、夫の信五郎が社長となっていたものの、実権を握ったのは浅子でした。その2年後には、炭鉱自体の買収も行い、浅子は鉱山で働く炭鉱夫たちを率いる立場となりました。

とはいえ、現場で指揮をとるのは、簡単なことではありません。相手は、屈強な炭鉱夫たちです。まさに、男社会そのもの。突然あらわれた女性の雇い主に、いい気持ちはしなかったことでしょう。

そうでなくても、現場を知らない経営者は反感を持たれやすいもの。それでも浅子は、むずかしい状況のなかで、現場で直接、陣頭指揮を取ることを決意します。

「わたしが現場から逃げていては、問題は解決しない！」

着物から動きやすい洋装へと着替えた浅子。真っ黒になって働く炭鉱夫たちと同じ空間で、現場で働く炭鉱夫たちに声をかけて叱咤激励しました。

経営者が、それも女性が、現場の人間とともに汗をかく――これまで見たことがない光景に、炭鉱夫たちもさぞおどろいたことでしょう。

もちろん、浅子の挑戦に、本人、そして周囲も、心配がなかったわけではありません。なにしろ、危険をともなう地底での作業です。これまで浅子のやることに理解を示してきた家族たちからも、今回ばかりは猛反対されました。

「何もあなた自身が、現場に出ることはないんじゃないの？」

「現場に適切な指示を出すことが、経営陣の役目だろうに」

そんな声を受けながらも、浅子は、経営する以上は現場に入っていく必要があると考えていたのです。

「一緒の空間で同じ時間をすごしているうちに、お互いのことがわかり合えるはず」

炭鉱に乗りこむにあたって、浅子は護身用にピストルをふところに忍ばせていました。お守りのようなものだったのでしょう。浅子は炭鉱夫と寝泊まりしながら、坑道の先頭に立って採掘することすらありました。

そんな身を削った努力が実り、炭鉱は借区83万坪、炭鉱員200人の規模まで拡大。肝心の産出量も1897年には、前年比から約5倍増となる、1万742トンにまで達したのです。

それ以降も、収益は順調に伸びていきました。浅子の手がけた新事業は、加島屋をいとなむ広岡家にとって、大成功に終わったといっていいでしょう。

しかし、それでも浅子は満足せず、金融業や、生命保険業にも乗り出し、その経営センスで存在感を示すことになりました。

もし、浅子がピンチに巻きこまれていなければ、これほどの飛躍はむずかしかったでしょう。「またとない力試し」ととらえれば、トラブルや危機も、自分を成長させ、かつ、周囲からも感謝される重要な機会だと、考えられるのではないでしょうか。

心が折れないポイント

- めんどうなことに巻きこまれたら楽しみ尽くせ。
- 情報収集して時代の流れをつかんでおく。
- 仲間と現場で、時間と空間を共有する。

1945年4月15日 早朝
吉田茂を逮捕する！
わたしが何をしたというのだ!?
戦争を終わらせようとした容疑だ！
天皇陛下に向けて出そうとしていたのはどんな手紙だったのだ!?
知らん！
なんの罪もない俺が牢屋に入れられるのはおかしい！
貴様らが入るべきだ！
1945年8月15日 終戦——
一面の焼け野原だね お父さん…
見ていてごらん わが国は必ず立ち直るよ
吉田は その豪胆さで 連合国軍最高司令官 ダグラス・マッカーサーと渡り合い
1951年 ついに戦争状態を終結させる「サンフランシスコ講和条約」を締結！

吉田茂（1878〜1967年）東京生まれ。東京帝国大学卒業後、外務省に勤務。各国の大使を歴任するも和平工作に動いて逮捕される。戦後は外相をへて、1946年に内閣総理大臣に就任。サンフランシスコ講和条約や日米安保条約を締結した。

戦後の日本を焼け野原から復興へとみちびいた 吉田茂

早朝にいきなり逮捕された

「もう自分はダメだ」

そう絶望したはずなのに、思わぬところから大きく道が開けた。人生では、そんなことが意外とよくあります。

吉田茂はじつに5回にわたって日本のトップリーダー、つまり、内閣総理大臣をつとめました。しかし、吉田が内閣総理大臣になるなど、いや、大臣になることすら、誰も予想しなかったでしょう。

なにしろ、吉田が初めて大臣になったのは、67歳のときのこと。その前年には逮捕されて、刑務所に入れられていました。

事件は、1945年4月15日の早朝に起きました。

66歳の吉田は外交官として活躍していましたが、突然、家に憲兵（軍部の警察）がやってきて、連行されてしまいます。

吉田が逮捕されたのは、「戦争を終わらせようとしていたから」です。日本がアメリカと戦争するなど無謀だと考えていた吉田は、開戦前から戦争を避けるために外交官として、各方面にはたらきかけてきました。そして、戦争が始まってしまってからは、「いかにして早く終わらせるか」に力を尽くします。

吉田と同じく早期和平を望んだのが、元内閣総理大臣の近衛文麿です。近衛は、天皇陛下に終戦をうながす手紙を出そうと考えていました。その相談をしに、吉田の家を訪ねたところ、それが軍部に発覚。問題視されて逮捕されることになったのでした。

「どんな手紙だったのか白状しろ！」

憲兵から取調べを受けても、吉田は「わからん」「知らん」で押しとおしました。

ついには、こんな啖呵まで切っています。

「なんの罪もない俺が牢屋に入れられるのはおかしい。本当ならば貴様らがこの中に入るべきだ」

刑務所では、食事もろくに与えられず、どんどん痩せていきました。夜はノミ・シラミ・南京虫に襲われるなど、高齢の吉田にはかなり過酷な状況でしたが、それでも取調べに素直に応じる気はありませんでした。

ただ気になったのは、どこから情報が漏れたのか、ということです。吉田がどれだけ考えてもわからなかったのも、無理はありません。

吉田が住む本邸と大磯にある別邸には、それぞれお手伝いさんが出入りしていましたが、そのうちの2人がじつはスパイだったのです。さらに、別邸のほうに書生が必要になると、よりによってスパイのお手伝いさんの紹介によって、憲兵軍曹が書生として入りこんできました。家の中のことは、すべて軍部に筒抜けだったというわけです。

そんな真相も知らずに、吉田が獄中で時を過ごしていたある日のこと。刑務所が空襲に襲われてしまいます。まさに踏んだり蹴ったりですが、刑務所長がいち早く吉田を外へ連れ出してくれて、事なきを得ました。

その後、吉田は刑務所を転々とし、釈放されたのは、逮捕から40日後のことでした。

67歳から新たな人生がスタート

8月15日、ラジオの玉音放送で、ついに日本の降伏が国民に知らされました。吉田にとっては遅すぎる終戦です。この放送を吉田は国民と同様に、ラジオで聞いていました。

連合国軍の最高司令官であるダグラス・マッカーサーが厚木飛行場に降り立ったのは、それから約2週間後のこと。アメリカによる占領政策が、いよいよ始まろうとしていました。

そんなとき、吉田のもとに、内閣書記官長から電話が入りました。

「車を差し向けますので、ともかくモーニング（男性の礼服）だけは持ってきてください」

じつは、自分が外務大臣に選ばれるかもしれない、という情報は事前にキャッチしていました。しかし、ついこのあいだまで、捕らわれの身だった自分が大臣になるなど信じられず、何も準備をしていませんでした。

吉田は首相官邸に到着すると、モーニングに着替えさせられました。ところが、うっかり赤茶色の靴を履いてきてしまったため、職員から黒い靴を借りて、バタバタのなかで、外相として初入閣をはたしました。

67歳にして、新たな人生のスタートを切った吉田。外務省から国会議事堂までを散歩するのが習慣になりました。

しかし、見わたす限りは、焼け野原です。いかに激しい戦争だったかを物語る風景を眺めながら、吉田は一緒に散歩する娘の和子に、こうつぶやきました。

「見ていてごらん。わが国は必ず立ち直るよ。今に必ず立派な国になって復興する」

この言葉を実現させるべく、時代は吉田をさらに表舞台へと引っぱり出します。1946年5月、吉田は内閣総理大臣に就任。その豪胆さで、マッカーサーと渡り合うことになるのでした。

裏切り者に吉田がとった行動とは？

1951年、吉田はついに、戦争状態を終結させる「サンフランシスコ講和条約」の締結を実現させました。激動の戦後を駆け抜けて大出世した吉田でしたが、つらかった時期を忘れたことはありませんでした。

戦争の裁判で、ある刑務所長がアメリカの捕虜を焼死させたとして、死刑の宣告を受けたことがありました。その名前を見て、吉田はっとします。吉田が刑務所に入っていたとき、空襲から自分を助けてくれた、あの刑務所長だったからです。吉田はGHQに「なんとか命だけは救ってもらえないか」と頼みこんで、無期懲役にまで軽減させることができました。どん底の時期に一時でも助けてくれた人への恩を忘れなかったのです。

また、戦後に意外な人間が、吉田のもとをおとずれました。書生として吉田宅に入りこんでいたスパイの男性が、謝罪に来たのです。

「上官の命令で、仕方なく閣下の身辺をスパイしました。おゆるしください」

男性がその場にひれ伏して謝罪すると、吉田はあっさりこう言いました。

「上官の命令に従うのは当然で、何もあやまることはない」

そしてスパイが目的だろうと、彼が懸命に働いてくれたことは事実と考えた吉田は、彼の就職の世話までしています。その紹介状には、こう書かれていました。

「勤務ぶり極めて良好なり」

人生に絶望してしまいそうなときも、吉田は世話になった人への恩義を忘れずに、前を向きつづけました。そんな「逆境力」があったからこそ、吉田は戦後の日本におけるむずかしい場面を何度も切り抜けられたのでしょう。

心が折れないポイント

- **あきらめずに信念を持ちつづけよう。**
- **どんなときでも恩義を忘れない。**
- **裏切られても「人間力」で相手をゆるす。**

貧乏のどん底にいた少年時代のチャップリン…
でも俳優になるという夢だけは見失わなかった
仕事の合間に俳優事務所をたずね歩き
12歳のときついに役者デビュー！
チャップリンは演技がうまいなあ
お客さんよろこんでるよ！
人気コメディアンと同じ舞台に立てるかも…！
ええ わたしに必要なのはチャンスだけですから
『フットボール試合』の芝居でハリー・ウェルドンの相手役がやれるかね？
イギリスの劇団オーナー
そして初舞台ー
ん？
なんで後ろ向きに？
くるっ
チャップリンは得意のドタバタアクションで観客を笑いのうずに巻きこんでいった！

チャップリン（1889〜1977年）イギリスのロンドン生まれ。5歳のときに母の代役として舞台に立った。俳優、脚本家、そして映画監督として、多くの作品を手がけ、「喜劇王」と呼ばれる。代表作に『独裁者』『モダン・タイムス』など。

ピンチのたびに成長した喜劇王 チャップリン

ピンチ！　5歳でいきなり舞台に立つ

どうしても乗り越えられそうにない困難が立ちはだかると、つい、あきらめてしまいそうになりますよね。

そんなときは、喜劇王チャップリンの「突破力」をどうか思い出してみてください。チャップリンは、むずかしい局面を何度となく乗り越えてきました。その天性の武器、「笑いの力」によって……。

チャップリンはロンドンの貧民街に生まれて、兄のシドニーとともに、貧しい子ども時代をすごしました。2歳のときに両親が離婚し、歌手だった母のわずかな収入だけで暮らしていたからです。

そんなチャップリンの初舞台は、なんと5歳のときでした。といっても、子役としての演技が認められたわけではありません。歌手だったお母さんの代役として舞台に上がったのです。

その日、舞台でお母さんは急に声が出なくなってしまい、観客から大ブーイングを受けてしまいます。

すると監督が、5歳のチャップリンを「お母さんの代役にしよう」と言い出したのです。監督は、これまでチャップリンが子どもながらも舞台裏でさまざまな芸を行い、母の友人たちを楽しませていたのを覚えていたのでした。

突然、スポットライトをあびるチャップリン。しかし、チャップリンは気おくれすることなく、当時流行していた「ジャック・ジョーンズ」という曲を歌い始めました。突然の出来事に場内が盛り上がりを見せると、半分くらい歌ったところで、舞台につぎつぎとお金が投げこまれました。すると、チャップリンは歌うのをやめて、こう挨拶しました。

「お金を拾ってからまたつづけます」

さらにどっと沸く場内。そのときにチャップリンがお金を拾うのを、監督が手伝ってくれました。しかし「お金をとられる！」と思ったチャップリンは、舞台裏に戻る監督を追いかけていき、さらに爆笑を誘ったのでした。

ピンチ！ 貧乏がどんどん加速する

その後も母ののどは回復することはなく、やむなく引退。生活はさらに苦しくなり、仕送りを気まぐれに送ってきていた父親も他界してしまいます。その後、母も病に倒れるなど、次から次へと人生の困難が若きチャップリンに降りかかってきました。

チャップリンと兄のシドニーは、狭い屋根裏部屋と貧民街を行き来し、時には路上で寝ることもありました。普通なら絶望してしまうところですが、チャップリンは何一つ手に入れていなくても、「希望」だけは決して手放しませんでした。

チャップリンは自伝で、次のように書いています。

「新聞売り子、印刷工、おもちゃ職人、ガラス吹き、診療所の受付などなど、あらゆる職業を転々としたが、その間もシドニーと同様、俳優になるという最終目標だけは、一度として見失わなかった」

チャップリンは12歳のときから、仕事と仕事の合間に、俳優事務所を訪ね歩くようになります。若すぎると相手にされないことがわかると「14歳」と偽って、ついに役者デビューが決まりました。

チャップリンは『ロンドン子ジムのロマンス』『シャーロック・ホームズ』の芝居で、少年役をつとめることになります。40週にわたる地方巡業など、何もかもが初体験でしたが、チャップリンの演技は観客だけでなく、仲間からも評価されました。

いくつかの寸劇を行いながら、大きなチャンスがめぐってきたのは、17歳のとき。イギリスの劇団のオーナーから、『フットボール試合』という芝居で、ハリー・ウェルドンという当時人気のコメディアンと同じ舞台に立つチャンスを与えられました。

「どうだ、『フットボール試合』でハリー・ウェルドンの相手役がやれるかね？」

突然、転がりこんできたチャンス。チャップリンは戸惑うことなく、堂々と答えました。

「ええ、わたしに必要なのは、チャンスだけです」
オーナーも初めはどこまでやれるのか半信半疑でしたが、2週間のテストの結果、チャップリンは見事に合格しました。

初舞台では、当時めずらしかった「後ろを向いて登場する」というアイデアで注意をひきつけて、ふり向けば真っ赤な鼻をつけた姿でおどろかせました。

つかみで笑いをとれば、あとは得意のドタバタアクション芸です。チャップリンは、観客を笑いのうずへと巻きこんでいったのです。

ピンチ！　やりたいことをやらせてもらえない

こうして逆境を「笑い」の力で打開してきたチャップリンでしたが、またもや大きな壁にぶつかります。

といっても、スランプに陥ったわけではありません。ギャグのアイデアは限りなく出てきます。役者としてギャグを入れながら演じることにも自信がありました。

ところが、ある映画の撮影で、できあがった映像を見ると、チャップリンのギャグはすべてカットされていました。調べてみると、自分と意見がまったく合わない映画監督による指示だということがわかります。

さすがに監督に嫌われてしまっては、どうしようもありません。打つ手はないように思われましたが、チャップリンはあきらめませんでした。編集がどのように行われているのか。現場に足を運びます。そして考えに考え抜いて、ついによい方法を思いつきました。

チャップリンは自伝でこう明かしています。

「彼らのいわゆる編集法というのがよくわかったので、ちょうどうまく登場の瞬間とか退場の瞬間に、すばやくギャグを入れるのである。こうしてさえおけば、カットすることはまずむずかしい」

登場人物が出てきたり、いなくなったりするシーンをカットすると、物語がめちゃくちゃになってしまうはず。編集室にかよって「絶対にカットできないシーンがある」ことに気づいたチャップリンは、そこにギャグを入れこむことで、見せ場をカットされないようにしたのでした。

チャップリンのギャグへの熱い思いには頭が下がりますが、この経験からチャップリンはこんな気持ちがわいてきました。

「自分で喜劇の脚本を書き、自分で監督をしてみたいな……」

やがてチャップリンは、演じるだけでなく、脚本家、映画監督として作品づくりに携わるようになるのでした。どうしようもない困難がふりかかったときこそ、大きく成長するチャンスなのです。

心が折れないポイント

- **どんな事態にも必ず突破口はあると信じる。**
- **自分の好きなことに打ちこんで妥協しない。**
- **ピンチは「未知なる自分」を発掘するチャンス。**

17歳のエジソンは駅で電信技手として働いていた
カチカチ
1時間おきに本局に電信信号をただ送るだけの仕事
退屈すぎて眠くなる…
ふぁ…
要は電信信号を送っていればいいんだよな
完成!
電信キーにとりつければ1時間おきに自動で信号が送れる
ぐぅ〜
カチカチ
これがエジソンの最初の発明だったと言われている

トーマス・エジソン（1847〜1931年）アメリカ合衆国のオハイオ州生まれ。小学校中退。電球や蓄音機をはじめ、生涯約1300もの発明をした「発明王」。映画撮影機キネトグラフや、映画を観るキネトスコープを発明したことから「映画の父」とも。

ふりかかる不幸を「強み」に変える発明王 トーマス・エジソン

エジソンのどんなところが一番すごいの？

「賢者」とは一体、どんな人物のことをいうのでしょうか。その答えが一つではないことは、この本をここまで読んできた人ならば、おわかりいただけることでしょう。

発明王トーマス・エジソンは、どういうところが「賢者」だったのでしょうか。電球を改良して使いやすくした偉人ですから、「発想力のすごさ」でしょうか。いや、発想したものを具体的に形にする「実行力」こそ、エジソンの強みだという人もいることでしょう。

発想力に実行力。エジソンがその両方を兼ねそなえていたのは、まちがいありません。しかしわたしは、エジソンが賢者である理由はほかにあると考えています。

それは、エジソンが67歳のときの出来事です。大火事が起きてしまい、研究所が燃えてしまうという事件が起きました。どうも研究所に化学薬品が多かったことが災いしたようです。エジソンは莫大な損害をこうむることになります。

にもかかわらず、エジソンは家族を呼び寄せてこう言ったそうです。

「こんな大きな火事にお目にかかる機会はめったにないから、じっくりと見ておくがよい」

エジソンは少年のころに、納屋に火をつけて、こっぴどく叱られたことがあります。その理由は「火がどんなことをするか見てみたかったから」だとか。このときも、子どもたちに大火事を見せることがよい経験になるとエジソンは考えたのでした。

しかもエジソンは、落ちこむそぶりすら見せず、周囲にこう宣言したのです。

「自分はまだ67歳でしかない。明日からさっそく、ゼロからやり直す覚悟だ」

考えてみれば経験や実績が増えれば増えるほど、ゼロからやり直すのは、勇気がいります。エジソンは強がりではなく、この火事が無理やりリセットする絶好の機会をくれたと感謝さえしているのでした。

同じような不幸にあったとして、こんなふうに考えられる人は、ごく少ないと思います。だからこそ、そこにエジソンの強みがあるのではないでしょうか。

エジソンが賢者である理由、それは「発想の転換力」です。どんな経験もプラスにしてしまう貪欲さが、エジソンの人生を好転させていったのです。

独学で科学の実験をしまくった

エジソンがポジティブに物事を考えられたのは、母親のナンシーの影響が大きかったように思います。

少年のころのエジソンは、とにかく落ち着きがなく、運河で溺れかけたこともあれば、穀物倉庫の中に落ちて窒息しそうになったこともありました。自宅の納屋に火を放ったときは、温厚な父親さえも激昂し、町の広場まで連れていかれて、ムチで打たれてしまいました。

学校では「なぜ空は青いの?」「なぜ1+1は2なの?」と素朴な質問を教師に連発して、問題児あつかいされてしまいます。あるときエジソンは、教師が自分のことを「頭が腐っている」と陰口を言っているのを聞いてしまいました。

エジソンがそのことを家で話すと、母親のナンシーは激怒。小学校をやめさせて「わたしが家で教える！」と言い出したのです。ナンシーは元教師でした。

小学校を中退することになったエジソンは、母のもとで、さまざまな本に夢中になりました。特によく読んだのが、初歩的な科学の教本です。

そこには、簡単な実験が紹介されているのですが、エジソンはすべての実験を自分で試したというからおどろきです。そのころ、お小遣いはすべて化学薬品の購入にあてていたといいます。そんな実践的な学びが、発明家としての素地をつくることになりました。

好きなことに没頭するエジソンを見守りながら、わからないことがあれば、一緒に調べた母のナンシー。彼女のおかげでエジソンは「学校をやめても、人生はなんとかなる。むしろ、よい環境で学べた」と実感します。どんな出来事にも良い面があると、エジソンが考えるようになった原点だったのではないでしょうか。

難聴だから発明に成功した？

そんなエジソンは12歳になると、早くも社会に出て働いています。最初に選んだのは鉄道会社でした。電車の中で、カゴいっぱいの果物やお菓子、新聞、軽食を売るのが、エジソンの仕事でした。

朝6時に起きて、7時15分発の列車に乗りこんで仕事をしたといいますから、小学6年生くらいの年では、かなり過酷な日々ですが、落ち着きのないエジソンには、ぴったりな仕事だったようです。「人生で一番楽しかった」とのちにふり返っています。

ちょうどその時期にエジソンは、耳が聴こえづらくなる病が発症します。「鳥のさえずりも聞こえなくなった」というから重症ですが、エジソンはこんなふうに、前向きにとらえています。

「自分は耳が不自由であるからこそ、蓄音機の完成に精魂をこめた。また、電話機を本当に使えるように改良できたのも、耳が聞こえないからできたことだと自負している」

耳が聴こえづらくなることすらも、「他人との差別化」とポジティブにとらえたエジソン。この発想の転換そのものが、エジソンの「発明」といえるかもしれませんね。

サボりたい気持ちもまたクリエイティブに

なかなかエジソンのようには考えられない……。

そう感じてもがっかりすることはありません。エジソンの発想の転換は、わりとダメなほうにもはたらくことがありました。

エジソンは鉄道会社をやめたあと、電信技手として働き始めました。発明家に近づいた気がしますが、落ち着きのないエジソンにとっては、電信機でひたすら信号を送る仕事は、退屈そのもの。

駅で夜勤をしていたときは、1時間おきに本局に信号をただ送るだけという仕事をさせられていました。「わたしは持ち場で居眠りしていませんよ」ということを上司に示すための業務で、エジソンはうんざりしていました。

起きているのがつらかったエジソンは、「要は信号を送っていればいいんだ」と考えて、時計じかけのからくりを発明。電信キーにとりつけて、1時間おきに装置が信号を自動で送れるようにしたのです。

エジソンは無事に居眠りを楽しむことに成功。サボり以外のなにものでもありませんが、これがエジソンの最初の発明だったともいわれています。

マジメにきちんと言われたことができない——。それもまた才能なのだと、エジソンは教えてくれているようです。

心が折れないポイント

- 最悪な出来事の中にもプラスの要素を見つける。
- 失うことで得られるものが必ずある。
- 人とちがう部分があることは、突出するチャンスになる。

メアリー・アニング（1799～1847年）イギリス南西部沿岸ドーセット州のライム・リージス村に生まれる。父から化石の採集法を習い、13歳のときにイクチオサウルスの全身化石を初めて発見。その後も発掘をつづけ、古生物学の発展に大きく貢献した。

13歳で化石を発見して世界をおどろかせた

メアリー・アニング

お父さんのお手伝いがスキルを磨いた

偉大なことを成しとげる人たちには、いろいろな共通点あります。そのうちの一つが「習慣を大切にする」ということ。行動の積み重ねが、大きな成果につながります。日々の習慣こそが、その人の人生を形づくっている。そう言っても大げさではありません。

たった13歳にして世界をおどろかせる発見をやってのけた、メアリー・アニング。彼女もまた習慣を大切にして、偉業を達成しました。はたして、どんな少女だったのでしょうか。

１７９９年、イギリス南西部に位置するライム・リージスという村で、メアリーは生まれました。

父のリチャードは家具職人でしたが、本業だけでは生活していけず、裕福な観光客や自然愛好家たちを相手に化石や貝殻を売ることで、家計の足しにしていました。

メアリーの母は、そんな夫の副業をあまりよく思っていなかったようです。それも無理はありません。まだ、地質学も古生物学も確立していない時代です。めずらしい石を収集してはニコニコよろこぶ……そんな姿は、なかなか理解しがたいものでした。

そんななか、父の化石ビジネスに興味を持ったのが、幼いメアリーでした。

「石には、こんなにたくさんの種類があるんだ。あ、これめずらしいかも！　色や形がとても特徴的で、これまで見たことがない」

父を手伝いながら、メアリーは化石の見つけ方や種類、加工の仕方を、自然に学んでいくことになります。そして観光客が化石に興奮する様子を見て、化石が持つ力を肌で感じたことでしょう。メアリーもまた、そんな化石に魅了されていきました。

しかし、父は44歳のときに、化石を取ろうとして、崖から転落してしまいます。ケガで動けなくなり、肺結核まで患い、そのまま亡くなってしまいました。

メアリーの母が夫の化石収集に冷淡だったのは、娘を危険な発掘現場に連れて行ってほしくなかったからではないか、ともいわれています。

しかし、たとえ危険なビジネスであっても、幼いメアリーにとってはかけがえのない経験でした。のちにこんなふうにふり返っています。

「わたしの持つ知識は、すべて父から得たものである」

メアリーは、父から受け継ぐことになった化石採掘のスキルによって、思わぬかたちで成功をおさめることになります。

たった一つの習慣がもたらしたもの

父が亡くなったことで、メアリーは人生の景色がまるで変わってしまいます。もともと貧しかった一家はさらに困窮し、メアリーは学校にもかよえなくなってしまいました。

化石探しどころではなくなりましたが、ある日、海岸に落ちていたアンモナイトを何げなく拾って歩いていると、貴婦人から声をかけられました。

「なんて素敵な石なの？　わたしに売ってくださらない？」

そうして安くない金額を受け取ったメアリーは、兄のジョゼフとともに、このときからふたたび化石探しを行うようになりました。

そんな子どもたちの姿に、かつて夫の化石探しに冷淡だった母までが、海岸へ出かけるようになります。

というのも、海岸には化石だけでなく、輸送品の石炭も落ちていたからです。海岸ではメアリーたち以外にも、貧しい人たちが「何か売れるものはないか」と探していました。あてもなく化石を探しつづける日々は、さぞ不安も大きかったことでしょう。

やがて兄は大工の見習いとして働くようになり、熱心に化石を探すのはメアリーだけになりました。特に嵐のあとは、崖が高波にさらされるため、必ず海岸に出ていき、浸食の様子を観察することにしていました。それが、メアリーの日課だったのです。

どんなときでも、その習慣だけはつづけたメアリー。1811年、父が亡くなってから約2年後に、快挙を成しとげることになります。

嵐のあと、メアリーがいつものように海岸を歩いて化石を探していたときのことです。崖を見ると、いくつかの骨が突き出ていました。

「これは一体、なんの骨だろう……こっちにも！　なんて大きな生き物！」

メアリーがハンマーを手にして、生き物の位置をなぞっていくと、見たこともないような骨格があらわになったのです。

「ママ、お兄ちゃん、早く来て！」

急いで家族に伝えると、メアリーの母は近所の大工に声をかけて、発掘作業が開始されます。街が大騒ぎになるなか、専門家に頼ることなく住人たちだけで、大きな化石が掘り起こされ、メアリーの家に運びこまれることになりました。

全長5・5メートルに達するその化石は、当初「ワニの化石」と考えられていました。しかし、入念な調査の結果、研究者によって「イクチオサウルス」と命名されることになります。

じつはイクチオサウルスの頭の化石については、1年前にメアリーの兄ジョゼフがすでに発見していました。メアリーが発見したのは、その全身化石であり、大きな反響を呼ぶことになります。

結局、化石は領主のヘンリーが買い取り、ロンドンのブロック博物館へ寄贈されます。一時的に大金を得たメアリー一家でしたが、それらは借金の支払いや、発掘費用にあてられることとなりました。

「継続は力なり」で化石ハンターへ

嵐のあとは海岸まで出て行って、観察を行う——。

そんな習慣が、思わぬ偉業を生み出すことになりましたが、メアリーは「天才少女」で終わることはありませんでした。

15歳でイクチオサウルスの前肢の指骨化石を、19歳で2つ目のイクチオサウルスの全身化石を発見。ハイペースで化石を見つけ出したのは、まさに幼少期からの経験の積み重ねにほかなりません。

その後も発掘をつづけて、「化石ハンター」として活躍したメアリー。労働者階級だったため、学術的な評価を受けることはできませんでしたが、真の科学者とは、彼女のような人のことをいうのでしょう。

メアリーの発見した化石が、過去に生物の絶滅があったことの証拠となり、古代生物への正しい理解をみちびいたのですから。

一つのことをただ愚直につづける。そのことの大切さを、メアリーは教えてくれているようです。

心が折れないポイント

- それぞれの環境が思わぬ才能を育む。
- 自分だけが持つ「観察力」をみがく。
- 普段つづけている習慣を大切にする。

＼まだまだいた！／

やっぱり「心が折れない」賢者たち

くじけそうなときに勇気づけられる 賢者の名言集

うまくいかないことがあると、ドーンと落ちこんでしまいますよね。でも、生きている限り「取り返しがつかない失敗」などありません。本田技研工業を創業した**本田宗一郎**は、**「失敗のない人生なんておもしろくないですね。歴史がないようなもんです」**と言っています。

また、耐えがたい苦しみですら、自分と向き合うきっかけになります。**「もし苦しみがなかったら、人間は自分の限界を知らなかっただろうし、自分というものを知らなかっただろう」**（ドストエフスキー）

映画『ゴッドファーザー』の監督として知られるコッポラは、つくった映画が赤字ばかり。それでもこんなふうに開き直っています。**「僕はいつでも金持ちのように振舞うことにしているんだ。破産したとしても、それはそのときのことだからね」**（コッポラ）

将来のことは誰だって不安です。しかし、思想家の**中村天風**が**「この船が沈没しやしないかと船のことばかり考えていたら、船旅の愉快さは何もない」**と考えるように、心配し出したらキリがありません。

「見えない」「聞こえない」「話せない」の三重苦をも乗り越えたヘレン・ケラーは、こう言っています。**「わたしたちにとってもっとも恐ろしい敵は不遇ではなく、わたしたち自身のためらいであります。自分でこんな人間だと思っていると、それだけの人間にしかなれません」**（ヘレン・ケラー）

大切なのは、どんなときも自分を過小評価しないこと。周囲の力も借りれば、きっと大丈夫！

第3章

仲間を信じつづけた賢者たち

幸之助「アタチン」と「二股ソケット」をヒット商品にする！
身内だけでは仕事がまわらなくなってきました
人手が必要だな…
ほかに人を雇おうと考えているんだ
ソケットのつくり方が外にもれてマネされてしまうかもしれないぞ
同業者
ううむ それは絶対避けたい…
でも 会社のためにここは腹を決めて人を信用せなあかん！
大切なのはまず信頼すること！
責任とやりがい！
従業員諸君にソケットの重要な製法を教える！

松下幸之助（1894～1989年）小学校を中退して大阪の火鉢店に丁稚奉公に入る。22歳で会社を創業。電球ソケットの製造販売からスタートし、事業を拡大。パナソニックの前身となる松下電気器具製作所を創業。巧みな経営手腕から「経営の神様」とも。

昭和の不況を乗り越えた「経営の神様」 松下幸之助

ほろ苦い15歳での営業デビュー

信じていた人に裏切られたり、周囲が自分のことを全然考えてくれなかったりすると、なんだか人間関係に疲れてしまいますよね。自分以外の人とよい関係を築くには、どんな気持ちでいることが大切なのでしょうか。

「経営の神様」といわれる松下幸之助は、松下電器という会社を一代でつくりあげた苦労人です。会社の経営者となれば、いろいろな人とかかわりますよね。どんなふうに接したのか、見ていきましょう。

幸之助が働き始めたのは、なんと9歳。それには、わけがありました。お父さんが、米相場に手を出して大失敗して、家も土地も失ってしまったのです。

幸之助も小学校を4年で中退させられ、わずか9歳で外に働きに出ることになりました。当然、まだまだ親に甘えたい年ごろです。朝から晩まで火鉢をみがくという仕事をして、毎晩のように、母を思って涙したそうです。

そのうち、火鉢屋は閉店。幸之助は自転車屋で5年にわたって働くことになります。そこで幸之助は生涯、忘れられない経験をします。

15歳になった幸之助が一人で店番をしていたときのこと。販売店から「急いで自転車を見せにきてくれ」と電話が入りました。これまで営業をしたことはありません。それでも幸之助は一人で出向いていき、熱心に営業を行いました。

すると、相手は「そこまで言うなら、仕入れよう」と決めてくれたのですが、「そのかわり10%引きでね」と言われてしまいました。

ことわれずに幸之助が「わかりました」と言って、自転車屋に戻ると、主人からは「10%も引けないよ。5%引きなら、と伝えて来て」と言われてしまいます。

しかし、それを伝えると相手はがっかりするにちがいありません。そう思うと、幸之助は悔しさのあまり泣き出してしまいました。

主人が「おまえはどっちの店員か、しっかりせんか」と呆れていると、取引先が店までやってきました。そして幸之助の涙を見ると「そこまで親身になって自分のことを考えてくれていたのか」と感謝。意外な言葉をかけました。

「おもしろい小僧さんだ。よし5%引きで買ってやろう。ねえ、ご主人。わたしは、この子が働いている限りは、この店で自転車を仕入れることにするよ」

15歳での営業デビューは少しほろ苦いものとなりましたが、人の情を動かすことの大切さを、幸之助は肌で感じたのです。

人を雇うことを反対されたが……

1918年、幸之助は大阪市に家を借りて、「松下電気器具製作所」を創業。開業してすぐに、安くて便利な配線器具の開発に取りかかりました。完成したアタッチメントプラグは「アタチン」と名づけられて、松下電器での最初のヒット商品となります。

さらに幸之助は2カ所から電源が取れる「二股ソケット（二灯用クラスター）」を開発。アタチン以上のヒットとなり、製品は東京にまで出回ることになります。

しかし、当時の社員は妻と、妻の弟だけ。とてもではありませんが、仕事が回らなくなってきました。そのため、幸之助は人を雇おうと考えますが、同業者から「やめたほうがいい」と止められてしまいます。人を雇うことでソケットのつくり方が外部に漏れてしまい、マネされるおそれがあったからです。

幸之助にとって、ソケットは会社の運命をかけてつくった商品です。マネされるのは、絶対に避けたいところです。だけれど……幸之助は決意します。

「ここは腹を決めて、人を信用せなあかんな」

身内ではない人を従業員に雇い、さらに、重要な製法を隠すことなくしっかりと説明することにしました。大事な製法をつつみ隠さず教えてくれたことに、従業員たちは心を揺さぶられたにちがいありません。

その結果、製法は外部に漏れることはなく、むしろ従業員には責任感とやりがいが生まれたそうです。そして、人手を増やしたことにより、注文を大量にさばけるようにもなり、会社は急成長していくことになります。

幸之助は自身の判断は正しかったとして、こう確信します。

「大切なのは、まず信頼すること。信頼してだまされるなら本望と思えば、案外、人はだまされん」

幸之助の「人を信じる」というポリシーが生まれた瞬間でした。

不景気でも社員を見放さない

苦難を卓越した技術力で乗り越えてきた幸之助でしたが、1929年、好調だった松下電器に、アメリカの株式市場暴落にともなう恐慌、いわゆる世界大恐慌が襲いかかります。

製品の売り上げは半減し、倉庫に入りきらないほど在庫の山をかかえてしまいました。また、工場を建設した直後だったため資金も不足。あげくの果てに、幸之助は病に倒れてしまいます。

あらゆる会社がリストラを始めるなか、松下電器の幹部たちも病床にある幸之助のもとをおとずれ、人員削減を提案しました。しばらく思案に暮れた幸之助でしたが、固い決意を持ってこう言いました。

「ウチは、よそのように、人のクビは切れん」

思えば身内だけでスタートした会社がここまで成長したのも、情報の漏洩を恐れずに外部から人を雇い入れたからこそ、そして従業員を信頼する道を選んだからこそのこと。非常にきびしい局面にあるとはいえ、会社側が簡単に従業員を裏切るわけにはいかない。幸之助はそのように考えたのです。

その代わりに、幸之助は大胆な対策を打ち出しました。

「生産は半分、勤務も半日。給与は全額払う。しかし、休日返上で在庫を売るんや。ここは凌ぐしかない」

生産を縮小したうえで、長いスパンで倉庫の在庫を売り切る。賃金の損害はかぶる覚悟をしたのです。

解雇におびえていた従業員たちはこれを聞いて大よろこび。風呂敷に商品をつつんでは、休日を返上して街に飛び出していきました。また、勤務は半日でよいとされていたにもかかわらず、自発的に在庫を売り歩いたそうです。

社長の覚悟に応えなければならない――。

従業員たちもかつてない使命感を持って仕事に取り組んだのでしょう。倉庫にあふれていた在庫は、わずか2カ月で完売しました。

こうして、松下電器は誰ひとりリストラすることなく、未曾有の大恐慌を乗り越えたのです。

心が折れないポイント

- がんばりを見ている人がどこかにいる。
- 周囲の助言よりも自分の信念をつらぬくことが大事。
- 信じることで相手からも信頼される。

1572年 三方ヶ原の戦いで屈辱的な敗北――
退却じゃあ！
敵軍が3万に対しわが軍は8千！
ここは退却するべきです！
あのとき部下の言うことを聞いていれば…
1575年 長篠の戦い
鳶ヶ巣山砦に奇襲攻撃を行いましょう！
酒井忠次
うむ
危険すぎる できるわけがない！
織田信長
忠次
おもしろい作戦だ 実行せよ
は！
オォォォ
家臣を信じることが何よりも大切なことだ！

徳川家康（1543～1616年）三河の岡崎城に生まれる。6歳から人質として今川家や織田家を行き来するが、岡崎城で独立。織田信長と同盟を結んだのち、豊臣秀吉の天下統一に協力した。関ヶ原の戦いで勝利すると、1603年に征夷大将軍となり、江戸幕府を開く。

敵をも取りこむ器で天下統一を成しとげた

徳川家康

孤独な幼少期を過ごした

自分の敵は自分……そんなふうに言ったりもしますが、やはり他人に負けると悔しいものです。できれば負けたことは思い出したくないですよね。

江戸幕府を開いた徳川家康にも、そんな手痛い敗北がありました。相手は、戦国最強ともいわれる甲斐の武田信玄です。一体どんな戦いだったのでしょうか。

家康はたった6歳にして今川家や織田家の人質となります。そんな過酷な運命に翻弄されながらも、「桶狭間の戦い」をきっかけに、家康の人生が大きく動き出します。

これまで仕えていた今川義元が織田信長に討たれると、家康は岡崎城に入って独立。今川家ではなく、織田信長と手を組む道を選ぶことになりました。

しかし、家康が一目を置いて従った信長にもまた「決して敵にまわしたくない」

人物がいました。甲斐の武田信玄です。

そんな信長をも恐れさせる信玄と、家康は一戦をまじえることになりました。家康にとって手痛い敗戦となった「三方ヶ原の戦い」です。

家康を挑発した信玄の「ありえない行動」

「信玄め……約束がちがうではないか」

家康がそう激怒したのは、信玄の軍勢が、遠江の北部へと侵攻してきたからです。

このとき、家康と信玄は2人で手を組んで、失速しつつある今川の領地へと攻めこみ、領土を奪おうとしていました。こんな取り決めを行っています。

「大井川を境界にし、東部を武田領、西部を徳川領にする」

それにもかかわらず、武田勢が大井川を越えて、遠江に侵略したのですから、家康が怒るのも無理はありません。ただ、この取り決めには曖昧なところがあったようです。すれちがいが不信感を生み、両者は一戦をまじえることになります。

1572年、信玄率いる武田軍が大井川をわたって遠江に侵入。猛烈なスピードで侵攻してきました。家康は一言坂で迎え撃ちますが、大軍の武田軍を前に、やむなく浜松城へ退却しています。

二俣城を攻略した信玄は、家康のいる浜松城へと侵攻してくるだろう……誰もがそう思ったとき、信玄が意外な行動に出ました。

信玄は、家康たちが籠城する浜松城を目の前にすると、急に軍の進む方向を西へと変えて、浜松城の前を素通りしてしまったのです。そう、まるで家康のことなど眼中にないかのように……。

「バカにしおって……今すぐ追撃する！」

怒りにまかせて出陣しようとする家康を、周囲の家臣がなだめています。

「敵の人数は3万を超えております。わが軍はたったの8000にすぎません」

信長勢からの援軍を加えてもなお、圧倒的な不利な状況のなかで、相手が素通りしてくれたのです。徳川軍からすれば、むしろラッキーなこと。家臣たちが激突を避けようとするのは、当然のことです。

しかし、家康からすれば、もし素通りをゆるしたならば、遠江の人びとからは「頼りないリーダーだ」と呆れられて、今後の統治がむずかしくなるのは明らか。なにより、バカにされて黙っているわけにはいきません。家康はこう鼓舞します。

「大勢が自分の家の裏口を踏み破って通ろうとしているのに、家の中にいて、黙っている者があるだろうか。兵の数で勝敗が決まるとは限らないぞ！」

信玄が油断している今、背後から追いついて攻撃すれば、勝機はあるはず。家臣たちを盛り上げながら、家康なりにそんな勝算もあったのです。

信じられない……家康が絶望した光景とは？

家康らは籠城をやめて出陣。信玄軍を追いかけました。

もうすぐ追いつけるだろう……徳川軍が三方ヶ原の台地に出ようとした、そのときです。目の前には信じられない光景が広がっていました。

「信玄がなぜここに！」

信玄は、家康の前を素通りすれば、必ず追いかけてくると先を読んでいました。追撃を誘いながら、見晴らしのよい台地で兵をかまえて、待ち伏せしていたのです。そもそも、兵力の差もあるところに、敵の正面に出て来てしまったのですから、ひとたまりもありません。徳川軍は壊滅状態にまで追いこまれてしまいます。

家康は命からがら、その場から逃げ出しました。よほどその姿が情けなかったのか、「家康は恐怖のあまり、馬の上でウンコをもらした」といううわさまで広められています。

家康からすれば、これ以上ない屈辱だったことでしょう。それでも家康は敗北の現実を受け止め、自分の短気が招いた事態を深く反省しました。また、それからというもの、家臣の意見にもよく耳を貸すようになったのです。

家臣を信じることが何より大切

敗戦から約3年後、家康が武田勢にリベンジする機会がやってきました。

1575年の「長篠の戦い」です。このときすでに信玄は亡くなっており、当主の座を、息子の勝頼が継いでいました。

織田信長・徳川家康の連合軍は約3万8000人に対して、武田勝頼は約1万5000人。兵の数では劣るにもかかわらず、戦いを挑んでくる勝頼に、家康はかつての自分を重ね合わせたかもしれません。

織田軍との作戦会議において、家康の重臣・酒井忠次が、こんな提案をしました。

「武田軍が築いた鳶ヶ巣山砦こそが、長篠城の急所。奇襲攻撃を行い、相手の退路を断ちましょう」

信長からは「危険すぎる。できるわけがない」とあっさりと却下されてしまいますが、家康はあとでこっそり忠次を呼び出して、こう耳打ちしました。

「おもしろい作戦だ、実行せよ」

その結果、奇襲攻撃は見事に成功。信長の鉄砲戦術が武田軍を追いつめるなか、相手の逃げ道を防ぎ、勝利をより確実なものにしました。

家臣を信じることが、何よりも大切なことだ——。過去の暴走からそう学んだ家康は、家臣たちの長所を生かすリーダーシップを実践しつづけました。

武田家はというと、長篠の戦いで敗れたのち、勢いを失っていきます。しかし、家康はそんな武田の家臣たちにも声をかけて、積極的に味方に取りこみました。

敗北から「人を大切にする心」を身につけた家康。痛い経験から学んだ結果、平和な江戸時代を形づくることができたのでした。

心が折れないポイント

- 自分を支えてくれている存在に目を向ける。
- 相手の意見を丁寧に聞く。
- 敵さえもつつみこむ包容力を持つ。

18歳のモネはパリに出て本格的に画家をめざす

しかし国が主催するサロンでは
落選ばかり…

モネが描く絵はサロンの主流ではない身近な風景画——

自分の目がとらえ
理解した絵を描くしかない！

33歳のとき
展覧会に出品した
『印象・日の出』が
激しい批判を
浴びる

なんという放漫さ
なんといういい加減さ！
つくりかけの壁紙のほうが
まだよくできているのではないか！

印象主義か…

これは
いい言葉だな！

モネはみずから
「印象派」と名乗り
自分への批判をも
取りこんで
自分の特徴として
打ち出した！

クロード・モネ（1840〜1926年）青年時代まで港町ル・アーヴルですごす。エドゥアール・マネの影響のもと、ピサロ、シスレー、ルノワールらとグループを結成。1872年作の『印象・日の出』から「印象派」とよばれる。晩年は自宅の庭にある睡蓮の池を描きつづけた。

酷評されても自分のスタイルをつらぬいた クロード・モネ

批判は「新しいこと」をやれている証拠

何かに一生懸命取り組んでいると、どこからともなく批判的な声が聞こえてくることがあります。

「何をそんなにがんばってるの？　意味ないと思う」

「そんなやり方じゃダメだよ」

あなたがやっていることが、新しいやり方であればあるほど、周囲は戸惑ってしまい、ついつい口を挟みたくなるものなのです。しかし、どんなジャンルにおいても「誰もやっていない新しいことをやる」ことが一番むずかしく、またそれだけで価値のある行動だということを忘れてはいけません。

つまり、まわりからあれやこれやと言われてもなお、手を止めなかった人だけが、人類がまだ開いていない「新しい扉」を開くことができます。

とはいえ、批判されたり、いろいろとやかましく言われたりすれば、誰だって、自信をなくしそうになりますよね。

そこで、新しいことにチャレンジしてさんざん叩かれた画家のクロード・モネの話を、ぜひ知っておいてほしいなと思います。

成功したジャンルを2年で捨てたワケ

モネは、フランスのパリに生まれて、5歳のころからル・アーヴルという、セーヌ川河口の港町で育ちました。進学した公立中学校は肌に合わなかったようで「中学はまるで牢獄のように思われ、たとえ1日4時間であってもそこで暮らすことは考えられなかった」とふり返っています。

ただ、美術の授業は好きだったようで、美術教師から絵を学び、カリカチュア(風刺画)を描き始めました。16歳のときに母親が死去すると、モネは学業を放棄してしまいますが、叔母の手によって絵のアトリエに入ります。署名入りで風刺画を額縁屋で販売するようになると、センスあふれる描写がたちまち評判となりました。

1枚20フラン、つまり、約2万円の絵がつぎつぎに売れて、すぐさま貯金は100万円に達しました。のちにモネが「もし、そのままつづけていれば、億万長者になったでしょう」とふり返っているのも、あながち大げさとはいえなさそうです。

そんなモネの作風を大きく変えたのが、画家のウジェーヌ・ブーダンです。ブーダンは、対象の特徴をとらえたモネの絵に大きな可能性を感じて、屋外で風景画を描くようすすめました。

すでに風刺画で人気を博しているので、「このままでいいよ」と思ってもおかしくはありません。しかし、モネは屋外でブーダンと一緒に絵を描き始めました。

やがてモネは新しい世界に触れることになります。

「それは突然目の前から霧が晴れていくような出来事でした。そのとき、わたしの前に画家としての運命が開かれました」

のちに「わたしが画家になれたのはブーダンのおかげです」とさえ言っているモネ。大成功した風刺画はたった2年で封印して、ゆたかな水と緑に恵まれた故郷の風景をキャンバスに描いていくことになります。

自分のスタイルは変えずに、世界を変える

18歳になると、パリに出て本格的に画家をめざしますが、順調な道のりとは言いがたいものでした。

というのも、画家として食べていくには、国が主催するサロンに入選するのが一番の近道でした。サロンに入選すれば、40万人がおとずれる展覧会に絵が飾られて、絵の注文が入るようになります。しかし、モネの絵は落選ばかり。

それも無理はありません。当時のサロンで主流だった絵画は、神話や宗教を題材に大きなキャンバスで描き出すもの。モネが熱中するような、身近な風景画はまるで評価されませんでした。

けれども、モネが「賢者」と呼ぶのにふさわしい理由の一つが、世間に合わせて自分のスタイルを変えなかったことです。

もしかしたら、モネは風刺画のジャンルで、多くの人に支持されるよろこびをすでに味わっていたのも大きかったのではないでしょうか。人気よりも自分が描きたいものにこだわって、わざわざ風景画につき進んだのですから、認められないからといって、自分の描きたくないものを描く気にはなれなかったのでしょう。

モネが自分を曲げなかったのは、仲間の存在も大きかったようです。マネ、ルノワール、セザンヌ……同志がいたので、モネは生活が苦しくなっても、自分が進む道に確信を持つことができたのでした。友人にこんな手紙を書いています。

「自分の目がとらえ、理解したものを描くしかない。自然を見ていると、すべてを描けるような、なんでもできるような気がする」

やがて転機はおとずれます。33歳のときに仲間たちと展覧会を開催。モネは故郷の日の出を描いた作品『印象・日の出』を出品します。

しかし、待っていたのは、新聞紙上での激しい非難でした。モネがタイトルにつけた「印象」という言葉を使って、こんな罵詈雑言を浴びせたのです。

「つまり印象が描かれているというわけか！　だが、なんという放漫さ、なんというい加減さ！　この海の絵よりも、つくりかけの壁紙のほうがまだよくできているのではないか」

自分が一生懸命描いた作品をこんなふうに言われたならば、どれだけ悔しいことでしょうか。描くのをやめてしまったり、路線を変更したりすることを考えてもおかしくありません。しかし、モネはちがいました。

モネが心を動かされたのは自分への批判の内容よりも、その記事のタイトル「印象主義者たちの展覧会」でした。モネはこう考えたのです。

「印象主義か……これは、いい言葉だ」

それからモネはみずから「印象派」と名乗るようになります。自分への批判をも取りこんで、自分の特徴として打ち出してしまったのです。

冒頭で書いたとおり、激しく批判されるということは、それだけ「新しい」ということ。なかには、その価値に気づく人もあらわれます。

新聞紙上での批判から数日後には、絵画の方向性を評価する声が上がり始めました。これは風景を再現したのではなく、画家の感覚を描き出したものなのだ、と。モネが自身への批判を気に入って使った「印象派」の言葉は、今や絵画史に定着しています。行動すると何かと叩かれる現代において、そんなモネの姿勢は、モノづくりを行うすべての人に勇気を与えてくれることでしょう。

心が折れないポイント

- **自分を認める人のアドバイスはいったん試してみる。**
- **同じ志をもつ仲間を持とう。**
- **批判が自分の特徴を教えてくれることも。**

ゆたかな知恵のみなもとは？ 賢者の食卓

わたしたちの体をつくるのは食事です。賢者が何を食べているのかは気になるところ。第１章に登場した古代ギリシャの哲学者**ソクラテス**は、理想的な食事についてこう語っています。

「小麦粉を焼いてつくったお菓子やパンを、きれいな木の葉の上に盛りつけて食べる。食後にはぶどう酒を飲む」と。

おかずはといえば「塩やオリーブやチーズを使い、野の草や畑の野菜を煮るのがよい」と語り、その質素さに聞いた人から「ブタの餌とどうちがうんですか？」と呆れられています。しかし、ソクラテスは「贅沢な食事をすると、国家を大きくせざるをえない」と持論を展開。国全体のことを考えて、日々の食事を考えているところが、いかにも賢者です。

その奇行から「狂ったソクラテス」と呼ばれた**ディオゲネス**も、健康のために贅沢な食事を遠ざけました。

「リンゴ、キビ、オオムギ、ソラマメがあれば、わたしの食べ物はもう充分だ」

一方、フランスの哲学者で『社会契約論』などの名著を残した**ジャン＝ジャック・ルソー**は、野外での食事を好みました。

「新鮮な緑の草が広がるなかで食べれば、芝生はテーブルやイスになり、泉の縁は食器棚に代わり、デザートは枝から垂れ下がっているであろう」

こんこんと湧く泉のそばで軽食を用意して楽しむのが、ルソーの理想だったとか。自然に囲まれながら食べれば、質素な食事も贅沢なひとときになりそうです。

第4章

運命を乗り越(こ)えた賢者(けんじゃ)たち

大久保利通（1830〜1878年）薩摩藩の下級武士の子として生まれる。島津久光のもとで、公武合体運動を推進。西郷隆盛と討幕へと転じ、薩長同盟を締結。岩倉具視らと結び、王政復古のクーデターを敢行。版籍奉還や廃藩置県を推進し、明治政府の基礎を固めた。

極貧の逆境から近代日本の礎を築いた

大久保利通

理不尽な仕打ちで人生が一変した

うまくいかないことばかりで、うなだれてしまいそうなときは、こんなふうに考えてみてはどうでしょうか。

落ちるだけ落ちたら、これからの人生は上がるだけだ――と。

明治維新の立役者の一人、薩摩藩の大久保利通は、近代日本の基礎を築いたともいわれています。

それだけの功績を残しながらも、盟友の西郷隆盛にくらべて大久保は人気がありませんでした。ずるがしこく立ち回ったイメージが強いからでしょう。大久保は明治維新後、権力者として大きな影響力を持ちつづけました。

しかし、大久保の人生は、順風満帆とは言いがたいものでした。ある日をさかいに人生が一変してしまい、どん底まで叩き落とされてしまったのです。

「タケンツツボ」。貧しい下級武士の家に生まれた大久保利通は、幼いころ、そんなあだ名をつけられていました。意味は「竹の筒」。胃弱で弱々しく、やせっぽちだったからです。虚弱体質だった大久保は、見た目どおりに武術が不得意でしたが、その分、学問に打ちこみました。

勤勉さが評価されたのでしょう。大久保は17歳のときに、藩の文書を取りあつかう記録所で働くことになります。

しかし、大久保が21歳のときに、薩摩藩でお家騒動が勃発。薩摩藩第10代藩主の島津斉興が、長男の斉彬を藩主として担ごうとする一派の動きを察知すると、それを返り討ちにして首謀者たちに切腹や島流し、謹慎などを命じました。

この騒動によって、大久保利通の父・利世は斉彬一派として、島流しにされてしまいます。利通は父の失脚によって職を奪われることになりました。

いよいよ鹿児島から喜界島に流されるという日に、大久保は母と妹とともに、埠頭まで父を見送りに行っています。11歳の妹が思わず泣きだすと、こんなふうに叱咤激励しました。

「そなたも武士の娘ではないか。涙で父の出発を見送ってはいけないよ」

結局、お家騒動は藩主が斉興から長男の斉彬に代わることで終息しますが、父の利世への処分はすぐには解けず、島流しはじつに3年にも及びました。大久保家はその間、貧窮にあえぎ、食べるものもままならない状態へと追いこまれます。

「お恥ずかしい次第ですが、返済の支払いをのばしてもらえないでしょうか」

大久保が父の知人にあてた借金の手紙からは、生活の苦しさが伝わってきます。利通自身も半年にわたって外出を禁じられたため、ひたすら読書に励みながら、いつか来るはずの夜明けを待ちつづけました。

3年後に再会した父は、やせ衰えて別人のようでした。「こんな理不尽な目に二度とあいたくない……」と、大久保は立身出世を誓ったことでしょう。

突破口は必ずどこかにある

その後、大久保は28歳にして藩主の身のまわりの世話をする役に任命されたものの、相変わらず鹿児島に取り残されていました。年齢がちがうとはいえ、西郷は4年前に薩摩藩の藩主・斉彬とともに江戸へ。将軍の跡継ぎ問題にも奔走し、すでに名を広く知らしめていたことを思えば、その差は歴然でした。

そんななか、名藩主として活躍を期待された斉彬が突然、亡くなってしまいます。新しい藩主には斉彬の弟である久光の息子・茂久がつきますが、まだ幼いために実権はふたたび久光の父である斉興のもとに……。斉彬の死に西郷が己の命を絶とうとまで失望する一方で、大久保は幼き藩主の父となった島津久光への接近をはかろうと考えました。

しかし、大久保は久光と直接、話せるような身分ではありません。どうするべきか考えているときに、こんな情報をキャッチします。

「久光は碁が好きで、吉祥院の住職に囲碁を習っている」

大久保はすぐに動きます。住職の乗願のもとで碁を習い始めると、久光の情報が自然と入ってくるようになりました。

あるとき、久光が『古史伝』という平田篤胤の書いた本を読みたがっていると知ると、利通はすぐさま本を手に入れて、乗願を通じて久光にわたしました。

それも、本をただわたしただけではありません。大久保はその本に、あるものを挟みこんでおきました。それは、政治への意見書と、のちに「誠忠組」と呼ばれる自身が主導する藩内組織の名簿です。

じわりじわりと久光との距離を詰める大久保。ついに「おぬしに興味を持ったらしい」と乗願から聞かされたときは、心の中でガッツポーズをしたことでしょう。1859年に斉興が死去すると、久光が藩政後見の座について、実権を握ることになりました。

大久保の思いどおりの展開でしたが、状況が変わっても、改革には時間がかかります。不満をつのらせた誠忠組の中には、過激な考えを持つ者があらわれ始めました。せっかく久光に近づいたというのに、同志が暴発しては水の泡です。そこで、大久保は大胆な行動に出ます。久光の側近を通じて、同志の不穏な動きをわざと知らせて、こんなメッセージを送りました。

「もはやこのうえは、藩主からのお言葉をいただく以外、彼らを抑えきれません」

危険な賭けです。もし、久光の不興を買えば、処罰されてもおかしくはありません。ヘタをしたら、大久保は「仲間を売った」と同志から責められる可能性もあります。

しかし、大久保は久光の状況もよく考えたうえで、勝負に出たのでした。

久光はこれから権力を握る存在ではありますが、父亡き今もまだ、藩政を動かすほどの実権を握れておらず、直属となる組織も持っていません。下級藩士たちを手なずけて、実行部隊にすることのメリットは大きいはず。

そんな状況をふまえたならば、久光は血気盛んな若者集団を押さえつけるのではなく、うまく利用する方向に動くはずだ……大久保はそう読んでいたのでした。

はたして、実際はどうなったのでしょうか。久光は実子の藩主・茂久に筆をとらせて、誠忠組への呼びかけを行っています。

「余のいたらぬところを助けて、藩の名を汚さず誠忠を尽くしてくれるよう、ひとえに頼みたいと思う」

異例中の異例といえる、藩主直々の呼びかけです。これには、誠忠組の過激派さえも感涙にむせぶことになりました。

こうして久光からの信頼を勝ち取った大久保は、世に出ることに成功。

大久保が一度つかんだ権力を手放さなかったのは、貧苦にあえいだ青年時代のトラウマがあったからだといいます。

どん底だから上がるだけ。理不尽な仕打ちも、闘志を燃やすガソリンにして、一つひとつ、状況を好転させていきましょう。

心が折れないポイント

- **停滞期にはひたすら本を読むべし。**
- **友に先を越されても焦る必要なし。**
- **扉が開くまでノックしつづけよう。**

勝海舟（1823〜1899年）江戸生まれ。幕府の海軍伝習生としてオランダ人から海軍諸術を学ぶ。咸臨丸の艦長として渡米。海軍創設に尽力し、軍艦奉行に就任。戊辰戦争では、西郷隆盛と会見。江戸城無血開城を果たした。明治新政府でも重職に。

江戸の街を火の海にするのを防いだ 勝海舟

父親ゆずりの腕っぷしの強さ

ひどくほれ申した――。

一度会っただけで「大好きになった」と西郷隆盛が言うほど、人間的な魅力にあふれていたのが、幕臣の勝海舟です。

海舟は江戸幕府に仕える身でありながら「幕府はもう限界だろう」と考えて、明治維新をサポート。それでいて、いつも幕臣たちの生活を考え、徳川家が滅ぶことのないよう最大限の努力をしたのも、また海舟でした。

海舟の功績といえば、その卓越したバランス感覚で、倒幕派の西郷を説得。江戸の街が火の海になるのを防いだことです。海舟の人生をふり返ってみましょう。

海舟は1823年、旗本・勝小吉の長男として生まれました。

ところが、正月晦日の1月30日に海舟の産声が上がったそのとき、父は立ち会うことができませんでした。ケンカ好きで、放浪癖が激しいため、海舟の祖父によって、じつに3年にわたり、離れの別室に閉じこめられていたのです。

なんとも型破りな父・小吉ですが、腕っぷしの強さを受け継いだのか、海舟も10代のころから剣の修業に打ちこみました。

16歳で海舟が勝家の当主となった前後に、島田虎之助の道場に入門。海舟が晩年に語ったものをまとめた『氷川清話』によると、かなり過酷な修業だったようです。「毎日稽古がすむと、夕方から稽古着1枚で、夜にも稽古をした。そして夜明けまで5、6回もやって、それから帰ってすぐに朝稽古をやり……」

しかし、これが本当だとすると、睡眠もろくにとっていないことになります。19歳で直心影流剣術の免許皆伝を得ていることから、まったくのでたらめではないにしても、日夜ぶっ通しで稽古をするのは現実的ではありません。

海舟は自身の人生をふり返る回顧録をいくつも残しました。そこでの記述は、事実でなかったり、ちょっと大げさだったりしていることがわかっています。

話術に長けて、相手の心をつかむのが得意なだけに、ついつい話を「盛って」しまう海舟でした。

世界の広さを知って蘭学を学ぶ

19歳まで剣に励んだ海舟でしたが、勉強にも打ちこみました。万国地図を見て、海舟はこうおどろいたそうです。

「なんて世界は広いんだ……」

海舟は20歳から蘭学の学習を開始。翌年には、簡単な文章ならば書けるところまで上達しました。勉強にあたって、海舟は『ヅーフ・ハルマ』という辞書を人から借りて25歳の秋から1年足らずで、2部も書き写してしまったそうです。写本の「あとがき」では、海舟が次のように苦労を打ち明けています。

「夏には蚊帳もなく、また冬になればふすまもなく、机に眠りながら写本に打ちこんだ。母が病床につき、妹もまだ幼くて事情を理解できないなか、わたしは縁側板を破って、柱を削って、ご飯を炊いていた」

苦学生とは、まさにこのことを言うのでしょう。立派ですが、ここでもまだ話を「盛っている」可能性があります。このころ、海舟は各地の豪商たちと交流しており、資金援助を受けていたことがわかっているからです。

海舟は苦学生ぶりをアピールしますが、それよりもすごいのは、その才覚によって、伊勢松坂の竹川竹斎や、その弟で味噌商の竹口信義、紀州の醤油業の浜口梧陵、灘の嘉納次郎作など、強力な援助者たちを得ていたことではないでしょうか。

運命を開いた勝海舟の大局観

そんな海舟の人生は、1853年にペリー率いる黒船が来航したことをきっかけに、いよいよ動き出します。そのころ、海舟が蘭学塾を開いて3年がたとうとしていましたが、黒船をきっかけに門人が90人にも膨れ上がりました。

そればかりか、諸藩からは大砲の製造や洋式訓練を頼まれたり、老中・若年寄から意見を求められたりするなど、周囲の状況が変化し始めたのです。
なかでも、海舟の人生を決定的に変えたと言われているのが、幕府に提出した「海防意見書」です。

これは、ペリーの帰国後に老中の阿部正弘が、アメリカ大統領からの親書の訳文を江戸在住の諸大名に公開したうえで、海防に関して下役人や知識人、町人からの上申をゆるしたときに、海舟が提出したものです。

総数８００通ともいわれる建白書（上申書）の中でも、とりわけ目を引いたのが、海舟の「海防意見書」でした。

海舟はその中で、積極的な開国論を唱え、広く人材の登用を提唱しました。さらに、交易によって得た利益で軍艦をつくること、西洋式の兵制を採用し、兵を教練するための学校を江戸近郊につくることなどを提案。それが阿部老中や海防掛・目付の大久保一翁らに見出され、海舟は幕府に登用されることになったのです。

じつのところ、この「海防意見書」は、海舟を援助した豪商の一人、竹川竹斎が書いた『護国論』をベースにしたものでした。

しかし、いくら内容がよくても、書き手次第、語り手次第で広がり方は変わります。海舟の語る開国論は聞く人の心をとらえて、当時の「外国を打ち払え」というムードを少しずつ変えていきます。

かの坂本龍馬も、そんな一人です。外国人を撃退することばかり考えていたところに、海舟と出会い、すっかりその考えを変え、海舟に弟子入りしています。

また、西郷の場合は「倒幕をかかげて、好き放題にふるまう長州藩を叩き潰すべし」と海舟に訴えかけますが、次のような大きな視点を与えられています。

「幕府はもう限界だろう。幕府を守るよりも、有力藩による共和政治を行うべきだ」

幕臣でありながら、幕府の限界を語り、長州とむしろ一緒にやれというのですから、西郷が「ほれ申した」と心をうばわれたのも無理はないでしょう。その後、薩摩は長州と手を組み、倒幕へと動き出すことになります。

いよいよ幕府が倒れるというとき、すでに新政府軍による江戸総攻撃の日程まで決まっているなかで、海舟は西郷と会談。

「江戸城を明けわたせば、総攻撃はしない」

そんな条件で、これ以上、血を流すことのない「無血開城」が決定します。もし、江戸の総攻撃が行われていれば、甚大な被害が出たにちがいありません。

まさに海舟と西郷のファインプレーですが、初対面で海舟が西郷をビジョンで圧倒した時点で、「無血開城」の下地はできあがっていたともいえるでしょう。

激動の幕末で、大きな存在感を発揮した海舟。幕府が勢いを失うなかで、それでもへこたれなかったのは、こんなふうに考えていたからでした。

「その人がどれだけの人かは、人生に日が当たっていないときにどのようにすごしているかで推しはかれる」

心が折れないポイント

- 落ちこむひまもないほど行動しまくる。
- 普段から自分の考えを周囲に話す。
- 日陰の時期に牙をみがく。

陸奥宗光（1844～1897年）紀伊藩士。幕末期に海援隊に入隊し、明治維新後は外国事務局御用掛、兵庫県知事・神奈川県知事、大蔵省租税頭、元老院議官を歴任。西南戦争で政府転覆の嫌疑を受けて入獄。出獄後、第2次伊藤内閣の外相に。

悲願の不平等条約の改正をかなえた

陸奥宗光

龍馬も認めるキレ者だった

どれだけむずかしい問題であったとしても、必ずどこかに解決の糸口はあるもの。決してあきらめずに「解決策が何かあるはずだ」と考えつづけることができるのもまた、「賢者」とよばれる人に共通してみられる性質です。

外務大臣をつとめた陸奥宗光が直面していた問題とは、欧米諸国との不平等条約です。幕末に強国と結んだ条約のせいで「外国人が罪を犯しても日本の法律で裁けない」（領事裁判権の承認）、「外国からの輸入品にかける税金を自由に決められない」（関税自主権の欠如）という二つの点で、大きな不利益をこうむっていました。

この不平等条約を改正することこそが、明治政府、ひいては国民の悲願でした。

しかし、何度、欧米と交渉してもうまくいきません。井上馨や大隈重信などの外相が力を尽くし、なんとか改正目前までこぎつけますが、結局はかないませんでした。

そんななか、陸奥は不平等条約の解消に成功します。日本を悩ませつづけた難問に対して、どんなアプローチをして解決へとみちびいたのでしょうか。


陸奥は１８４４年、紀州和歌山で生まれました。お父さんは紀州徳川家に仕える伊達宗広で、藩財政を取りしきっていました。

陸奥の将来は約束されたも同然でしたが、宗広を引き立ててくれた家老の山中俊信と、藩主の徳川治宝が、立てつづけに命を落としてしまいます。

後ろ盾を失った宗広はあえなく失脚。息子である陸奥は、自分の力で出世するほかなくなりました。

そこで陸奥は、さまざまな私塾にかよい、勉学に打ちこみます、そんななか、勝海舟の塾で出会ったのが、９歳年上の坂本龍馬でした。

龍馬の自由な生き方に陸奥はほれこんで、龍馬が組織した「海援隊」で活躍することになります。龍馬もまた、学問によって身を立てようとする若き陸奥をかわいがり、自分の右腕として重宝しました。龍馬は陸奥をこう評しました。

「刀を差さずとも食べていけるのは、オレと陸奥だけだろう」

ところが、龍馬は1867年に暗殺されてしまいます。

陸奥は悲しみに暮れながらも、龍馬の自由な精神を受けついで、自分の能力を広い世界で使おうと、人生を切り開いていくことになります。

刑務所でもひたすら学ぶ

明治維新後、陸奥は日本の外交についての意見書を岩倉具視に提出。そのことをきっかけに、25歳の若さで外国事務の職につきました。

対外交渉の実務を担って、実力を存分に発揮していく陸奥。若くして兵庫県知事や地租改正局長などの重責を担うことになります。

しかし、その胸にはつねに不満が渦巻いていました。

「結局、決定権を持つのは、薩摩か長州の出身者ばかりではないか……」

我慢できなくなった陸奥は、政府の職を辞職。それどころか、西郷隆盛が西南戦争を起こすと、政府転覆の計画に関与したとして、投獄されてしまいます。陸奥は山形の監獄で4年もすごすことになりました。

それでも陸奥の心が折れることはありません。

「せっかくの機会だ。集中して学問をしよう」

そんなふうに考えたらしく、陸奥は監獄に多くの書物を持ちこんでいます。そして辞書を活用しながら、イギリスの法学者ジェレミ・ベンサムの著作の翻訳に挑みました。もともと英語が読めなかった陸奥ですが、一つひとつの語句を訳していくことで、原文を楽しみながら読めるほど英語力を身につけます。

そうしてヨーロッパの思想を原著から理解しながら、歴史、儒学、仏教に関する書物も読みあさり、自身で漢詩もつくりました。獄中から家族にあてた手紙で、陸奥はこう書いていています。

「毎朝8時ごろから夜は12時まで書物を読む。そんな習慣を1日も怠ったことはない」

40歳で出獄した陸奥は、監獄で勉強した知識をさらにみがくべく、2年にわたってヨーロッパに留学。イギリスでは、国際法について学びました。

陸奥の猛勉強ぶりは、周囲も目を見はるほどだったようです。オーストリア公使の西園寺公望は、伊藤博文に「すぐに政府に登用すべきです」と手紙を送っています。43歳で帰国した陸奥は、やがて条約改正のための特命全権公使に任じられることになりました。

幾度となく人生の危機を、学問への情熱で突破してきた陸奥。「不平等条約の改正」という日本の悲願達成に向けて、その実力が発揮される日が近づいていました。

反対意見はこう封じこめよう

１８９２年、第２次伊藤内閣が発足すると、陸奥は外務大臣に就任します。それまで条約改正事業に携わってきた陸奥にとって、念願のポストでした。最重要国であるイギリスを突破口にして、陸奥は不平等条約の改正へと動きます。

まず徹底したのは、情報管理です。改正の内容が漏れてしまえば「もっとこうしたほうがいい」という意見が必ず出てきて、前に進まなくなります。陸奥は外部にはもちろん、政府内でも改正案の文章は見せるだけ。安易に相手にわたすことはありませんでした。

しかし、ただ隠すと不信感を持たれて、不満も出てくるでしょう。そこで陸奥はよくよく考えて、こう対応しました。

改正案について進行を聞かれると、今の状況について相手がイヤになるまで、説明しつづけたのです。一方で、肝心なことは決して話しませんでした。

知られたくない秘密があると、人はどうしても逃げようとします。しかし、陸奥は逆に積極的に相手と向き合うことで、重要事項の秘密を守りとおしたのです。まさに「策士」といえるでしょう。

また、当時の国会では、不穏な動きがありました。「海外との条約に明文化されていること以外は、外国人に一切認めないようにして、不便にすることで、条約改正の圧力にしよう」という動きが活発化していたのです。

しかし、これを陸奥は「明治維新以来の国家の方針である開国主義に反する！」

と国会で真っ向から批判。大演説をすることで、国内をまとめあげながら、対外的にも「日本は積極的に外交を行う開国主義をとり、そのためには条約改正が必要だ」という論調をブレずに押しとおすことができたのでした。

陸奥が外務大臣に就任してから2年後の１８９４年、日英通商航海条約が結ばれました。この条約によって領事裁判権は撤廃。関税自主権も部分的に回復されることとなります。

どんな逆境でもあきらめなかった陸奥の突破力によって、念願の条約改正に向けて大きな一歩を踏み出すことになったのです。

心が折れないポイント

- **周囲を圧倒するほどひたすら学べ。**
- **解決策は必ずあると信じて考え抜くべし。**
- **一歩一歩、ゆっくりでも確実に理想に近づこう。**

チェ・ゲバラ(1928〜1967年)アルゼンチンの中産階級に生まれる。医師をめざして医学免許を取得。フィデル・カストロと出会い、ともにキューバ革命を達成。国立銀行総裁や工業相などを歴任。キューバを離れたのち、ボリビア政府軍との交戦で捕らえられ射殺される。

母国ではない国のために身を投じた革命家

チェ・ゲバラ

医師から革命家に夢を変えたワケ

あなたは、どんなふうに自分の人生をすごしたいですか?

もちろん、人生の理想は人それぞれですから、正解はありません。

ただ、大切なのは、自分なりの理想をかかげること。そして、それに向かって邁進することです。

革命家チェ・ゲバラは、まさに自分なりの理想を追求しつづけた人生でした。信念をもって、キューバ革命を成功させますが、彼自身はキューバ人ではありません。

なぜ、異国のために命を懸けた戦いをしたのでしょうか。

ゲバラは幼少期から喘息に苦しめられて、5人兄弟の中ではもっとも病弱でした。

農場を経営していた父は、ゲバラの健康を心配して、アルゼンチンの都会のブエノスアイレスから、コルドバの山地に引っ越したほどです。

やがてゲバラは医師をめざして医学部に入学しますが、6歳年上の友人のグラナドスとオートバイで旅をしたことで、価値観が大きく変わっていきます。

「世の中にはいろいろな人がいる……」

徒歩とヒッチハイクで、ラテンアメリカ諸国を回ったゲバラ。その後、友人と別れて、一人でアメリカ合衆国のリゾート都市マイアミに滞在しました。

立派なホテルが立ち並び、車と人が大量に行き交う様子を眺めながら、ゲバラは衝撃を受けます。ラテンアメリカ諸国の貧しさとは、まったくちがう世界がそこには広がっていたからです。

「病人の治療をするよりも、この社会全体の病を治療しなければならない」

激しい貧富の差を目の当たりにして、ゲバラはそう決意をしました。

いったんは大学に戻って医学部を卒業しますが、25歳のゲバラはふたたび旅に出ます。列車でブエノスアイレス駅を出発し、それから10年にわたり、祖国に戻ってくることはありませんでした。

27歳で人生を変える出会いを

南米を放浪していたゲバラは1955年、27歳のときに、メキシコの地で人生を変える出会いをはたします。その相手は29歳のフィデル・カストロです。

カストロたちは、母国キューバの独裁政権を倒すため、革命運動を行っていました。一度は反乱を起こしたものの失敗。メキシコに亡命したカストロは、それでも独裁者フルヘンシオ・バティスタを倒すことはあきらめませんでした。

「われわれは帰国する。そのときは、わが国民に、ひどい政治や飢えることもなく生活できる、自由と権利がもたらされるだろう」

これまで世界の矛盾をイヤというほどその目で見てきたゲバラは、カストロの革命への情熱に心を動かされました。

過酷な訓練に脱落者も出るなか、ゲバラは訓練の全課程を修了。射撃の腕では、カストロについでナンバー2の実力へと成長していきます。

バティスタ政権を打倒する準備が整ったとみるや、カストロとゲバラを先頭に、革命軍はグランマ号に乗りこんでキューバをめざしました。

しかし、キューバに到着するやいなや、バティスタが率いる政府軍にすっかり包囲されてしまいます。一斉に射撃をくり出してきたので、命からがら山中に潜伏。82人の革命軍はわずか十数人にまで減っていました。

誰がどう見ても惨敗でしたが、カストロは「おれたちはきっと勝つ」と鼓舞します。それを見てゲバラも、どうせ戦闘で一度は捨てかけた命じゃないかと、腹をくくることになりました。

革命に成功したのに……

覚悟を決めたゲバラは、政府軍が集団で生活している拠点を見つけると襲撃を加えて、武器を奪いました。そして、援軍が来る前にそこから立ち去るという戦法を展開。ゲバラはこれを「ヒット・エンド・ラン」と名づけました。くり返すことで、相手の気力をそいでいくことに成功します。

そして、ゲバラは相手が降伏して戦闘が終われば、術衣に着替えて、軍医として敵味方は関係なく傷の手当てを行いました。そんな真摯な態度で、革命軍の評判が広がったのでしょう。全滅に近かった革命軍にも徐々に武器と人員が集まり始め、ふたたびメンバーはふくらんでいきました。

カストロはそんなゲバラについて、こんなふうに語っています。

「彼は卓越した戦士であったばかりではなく、すぐれた軍医でもあり、負傷した同志のみならず、敵の負傷兵を看護したのだ」

そして12月、300人にものぼった革命軍は、人口15万人の州都サンタクララを攻撃。政府軍は装甲列車16両を配備して、2000人もの兵力でそれを迎え撃ちます。

数の上では不利だった革命軍でしたが、装甲列車が走るレールに罠をしかけて脱線させるなど、巧みな作戦で政府軍を追い詰めていきます。そして何よりも兵士の士気が両軍ではまったくちがっていました。命がけの革命軍に対して、政府軍は、軍服の下に逃げやすい服をまとっていたのです。

年が明けて1959年1月、バティスタがドミニカ共和国へ亡命。歴史的なキューバ革命が成しとげられることになりました。

アルゼンチン人でありながら、母国でもないキューバのために戦った男――。その名は世界中に知れわたり、新聞やラジオの取材が殺到しますが、ゲバラはこう答えるのみでした。

「わたしの指揮下にあった勇敢な人たちや理想に殉じた人たち、まちがいなく、このすぐれた人びとの協力なしには、勝利はなかっただろう」

革命後、カストロは国家元首の座につきます。そしてゲバラには、キューバの市民権が与えられたうえで、新政府の国立銀行総裁というポストが用意されました。

しかし、ゲバラは革命の成功から6年後の1965年、カストロに「別れの手紙」を残してキューバを去ります。手紙にはこう書かれていました。

「今、世界のほかの国が、ぼくのささやかな力添えを望んでいる。別れの時がきてしまったのだ」

次は、動乱がつづくコンゴへと向かったゲバラ。そしてさらにボリビアへ。また新たな革命に身を投じていくのでした。

心が折れないポイント

- いろいろな国にいろいろな人びとがいることを知る。
- 困っている人のためにできることを考える。
- ほんの少しだけでも社会がよくなるような行動を選択する。

賢者No.22 ベートーヴェン

音楽家として才能が開花しつつあった若き日のベートーヴェン

27歳のときに悲劇が！

耳の中でガンガン音が鳴り響く！

ベートーヴェンはふさぎこんで家にひきこもるようになった

僕の仕事で耳が聞こえないのは恐ろしいことだ…

でも…

耳が聞こえなくなったって楽譜は…

楽譜は書けるじゃないか！

そして完成させたのはベートーヴェン初期の傑作ピアノソナタ第8番『悲愴』だった…！

僕は運命を相手に戦い勝ちたい！

ベートーヴェン（1770～1827年）ドイツのボン生まれ。20代後半から難聴の症状が始まるが、『悲愴』『月光』などピアノソナタを発表。バッハ、ブラームスとともにドイツ音楽における「三大B」の一人とされ、偉大な音楽家を意味する「楽聖」と呼ばれる。

難聴を乗り越えて作曲や演奏をつづけたベートーヴェン

父にひどい仕打ちを受けても「音楽」を愛した

つらいときに心をどう立て直すのか――。その方法を知ることは、生きていくうえでもっとも重要だと言っても、言いすぎではないでしょう。

なにしろ、思いどおりにいかないことのほうが多いのが、人生というもの。悲しみに打ちひしがれるようなことが、誰の人生でも起きるのです。

しかし、一方で、想像もしなかったよろこびもまた、人生には待ち受けています。しかも、多くの賢者の人生を見ていると、絶望のどん底のあとにこそ、生涯最良の出来事が起きることが、じつに多いのですね。

だからこそ、つらいときにどんなふうに考えるのかが、とても大事になるというわけです。そこで、音楽家ベートーヴェンの生きざまから、「絶望からの立ち直り方」

を学んでいこうではありませんか。

ベートーヴェンは、ドイツのボンという街で生まれます。一家には音楽家が多く、祖父は宮廷楽長で、父はテノールの歌手でした。

さぞかしベートーヴェンは音楽的に恵まれた環境で育ったかと思いきや、3歳のときに祖父が死去。父親は「祖父のつとめた宮廷楽長には、自分が選ばれるだろう」と思いこみ、広い家に引っ越しまで行いました。

ところが、宮廷楽長には選ばれず、そこから一家の運命は急落。ベートーヴェンの父は失意のなか、アルコールにおぼれてしまいます。

父は強引なやり方でピアノやヴァイオリンを息子に教えるようになり、ベートーヴェンがたとえイヤがって泣いても無理やり弾かせたといいます。ひどいときは夜中に酔っぱらって友人と帰宅し、寝ているベートーヴェンを叩き起こして、朝まで演奏させることさえありました。

ベートーヴェンは、それでも音楽が嫌いになることなく、自由に音を奏でることを好みました。音楽が心のよりどころだったのでしょう。

演奏会の「失敗」が人生を好転させた

ところが、父はそんなふうに息子が音楽を楽しむのも、ゆるしませんでした。楽譜どおりに練習しなければ、父に殴られて地下室に閉じこめられます。

ベートーヴェンの父が息子の音楽的な才能を伸ばすことに躍起になったのは、幼いころから神童と謳われたモーツァルトのことが頭にあったからでしょう。モーツァルトの父が幼い息子を宮廷に売りこんで成功したことに、刺激を受けたのです。

それでも、ベートーヴェンの父は、モーツァルトの父のようにはなれませんでした。はりきって息子の演奏会を開催するも、演奏は評価されず、あえなく失敗。ベートーヴェンは出鼻をくじかれてしまったかに見えました。

しかし、この「失敗」を機に、ベートーヴェンの人生は好転していきます。父が自分で息子を指導するのを、あきらめたからです。

宮廷音楽家だった祖父のつながりで、音楽家たちに指導を受けることになったベートーヴェン。その才能をみるみる開花させていきました。ピアノや弦楽器やホルンまで演奏するようになり、10歳の子どもの小さな手では弾けないほどのむずかしいピアノ曲をつくり上げています。

やがてその才能は、すでに名声を手にしていた天才作曲家モーツァルトの知るところとなります。人に連れられてモーツァルトの家にやってきたベートーヴェンは、与えられたテーマに応じて、即興で演奏を披露しました。モーツァルトはそれを聴くと、友人に近づいてそっとこうささやいたのです。

「彼に注目したまえ。いつの日か彼は、語るに足るものを世界に与えるだろう」

諸説ありますが、このときモーツァルトは31歳、ベートーヴェンは16歳だったと言われています。

その後、故郷のボンから、音楽の街ウィーンへ移住。一人で5カ月にわたる演奏旅行に出かけて、王侯貴族たちの前で演奏しては、大きな反響を得ることもありました。弟にこんな手紙を書いています。

「自分の芸術が、友人たちや尊敬をわたしにもたらしてくれる。これ以上、何をのぞむことがあろうか」

どんなときでも「好き」を手放さなかったことで、人生の明るい道筋が大きく開けた……かにみえました。しかし、想像を絶する過酷な運命が、ベートーヴェンを待ち受けていたのです。

音楽家として最悪の病に苦しめられる

ベートーヴェンが悲劇に見舞われたのは、27歳のときのことでした。

「耳の中でガンガンと音が鳴り響く！　何も聞き取れない！」

耳鳴りが絶えずつづき、相手の声は聴こえても、言葉が聞き取れません。そんな事態になったら、誰だって人生に絶望してしまいそうです。

しかも、彼は音楽家です。耳が悪ければ、人生最大のよろこびである音楽を楽しめなくなってしまうのですから、生きる望みをなくしてもおかしくはありません。

ベートーヴェンはふさぎこんで、家にこもるようになりました。耳が悪いことを人に知られるのを恐れたのです。ベートーヴェンは医師にこんな手紙を出しています。

「僕は惨めに生きている。人びとの中へ出ることを避けている。僕の職業が別ものだったらどうにかいくだろうが、僕の仕事では、これは恐ろしい状況だ」

もともとは、明るくユーモアあふれる性格だったベートーヴェンは、このころからどんどん気むずかしくなっていきました。しかしそれもまた、誰かに話しかけられないための苦肉の策でした。

もう自分には生きる価値がない……。そんなふうに思いこんでしまいそうなところで、ベートーヴェンは踏みとどまります。

「耳が聴こえなくなっても……楽譜は……楽譜は、書けるじゃないか！」

人生のどん底のあとにこそ、大きく飛躍しやすいのは、孤独な状況に陥ることで、心が創作に向かうからかもしれません。

ベートーヴェンは音楽活動にいっそう身を捧げて、ピアノソナタ第8番『悲愴』を完成させています。

そのタイトルにベートーヴェンの思いが凝縮されているといってよいでしょう。物悲しいながらも美しい旋律に心動かされる名曲です。医師への手紙でも、もう嘆くことはしませんでした。代わりに、意欲あふれる言葉を綴りました。

「できることなら、ぼくは運命を相手に戦い、勝ちたい」

その後もベートーヴェンは作曲活動をつづけたばかりか、新しい手法にも積極的に挑戦しています。

人生への失意は、自身の考えや行動を変えるきっかけになります。目を向けるべきは、「やれないこと」よりも「今やれること」です。

心が折れないポイント

- ひたすら夢中になれることを見つける。
- よくも悪くも環境は「いつか変わる」と心得る。
- 失意や絶望は「変化」へのモチベーションに。

運動が苦手でも大丈夫！
体育が嫌いだった賢者たち

ここまで、人生の困難を賢者たちがどう乗り越えたかを紹介してきました。では、この本の作者であるわたしにとって、これまでの人生でもっとも高い壁はなんだったのか。

それはまちがいなく学生時代の「体育の授業」です。鉄棒もプールも大の苦手で、跳び箱もマット運動も大嫌い。怖がりなわたしにとっては、学生時代の体育の授業は地獄でした。

じつは体育嫌いの賢者は少なくありません。イギリスでもっとも人気のある首相**ウィンストン・チャーチル**も体育の授業が大嫌いで、「体操にいたっては、まったく絶望的だった」と語っています。

日本の推理小説のパイオニアで作家の**江戸川乱歩**も、「かけ足がゾッとするほどイヤ。器械体操のかいもくできない弱虫」と、運動ができない自分を痛烈に罵倒しています。

物理学者の**アインシュタイン**は、体を動かすことすら好きではありませんでした。体育の授業なんてもってのほかで、兵隊の訓練のようだとして断固拒否。こんな毒舌を吐いています。

「音楽に合わせて隊列を整えて、嬉々として行進できる連中は、もうそれだけでもヘドが出る」

そこまで言わなくてもいい気もしますが、痛快ではあります。

体育に限らず、学校でイヤなことや苦手なことがある人、つらい思いをしている人、どうか絶望しないでください。人生の本番は学校を卒業してからです。大好きな分野に力を入れて、いつか一緒に仕事をしましょうね。

第5章

差別を超えて活躍した賢者たち

津田梅子（1864～1929年）江戸生まれ。6歳のときに、岩倉具視遣外使節に同行して渡米。帰国後は英語の教師となるが、ふたたび渡米。再帰国後は華族女学校教授、のち女子高等師範学校教授を兼任。女子英学塾（のちの津田塾大学）を創設。

女性への教育を日本に根づかせた 津田梅子

父親が応募して6歳でアメリカへ

「努力すれば報われる」なんて、まったくのデタラメ！　がんばったのに結果がともなわないと、やる気がなくなっちゃいますよね。

日本女性で初めて海外に留学した津田梅子も、まさにそんな気持ちだったにちがいありません。政府のプロジェクトに参加し、アメリカでさまざまな経験を積んだにもかかわらず、帰国後にはがっかりするような事態が待ち受けていました。

それにもかかわらず、心が折れずに梅子ががんばれたのは、なぜなのでしょうか。

1871年12月、欧米に向かう使節団が、横浜港から出港しました。目的は、アメリカやヨーロッパの国ぐにの制度や文化を調査することです。

使節団のメンバーは、全権大使として右大臣の岩倉具視、副使として参議の木戸孝允が選ばれたほか、大蔵卿の大久保利通、工部大輔の伊藤博文、外務少輔の山口尚芳と、当時の内閣の主力メンバーがごっそりと、海外へ旅立つことになりました。それだけ力を入れていたということでしょう。

そんな一行に、たった6歳の少女の姿がありました。それが津田梅子です。5人の少女たちが使節団に加わり、梅子は最年少で日本初の女子留学生となったのです。

といっても、留学生募集に応募したのは、もちろん少女たち本人ではなく、保護者です。梅子の場合は、父親の津田仙が自身も留学経験があるため、娘にもぜひ行かせたいと考えました。ただ、最初は梅子の姉が参加する予定でした。梅子自身がこう日記に記しています。

「はじめは姉が来るはずでした。でも家からこんなに遠く離れたところへ来るのはイヤだというので、わたしが来ました」

出発にあたって、父は梅子に英語の入門書とポケットサイズの英和辞典を持たせています。しかし、周囲の見方はきびしいものでした。

「小さいわが子をアメリカに行かせるなんて……親はまるで鬼ではないか」

見送りにきた梅子の叔母は、そんな囁きを群集の中で聞いています。「外国人は人の生き血を吸う」などといううわさが、一部ではまだ信じられていた時代でした。小学１年生ほどの年齢の梅子にとって、いかに大変な冒険だったかがわかります。

23日間にわたる船旅を経て、１８７２年１月15日、船がサンフランシスコに到着すると、使節団は盛大な歓迎を受けます。梅子は、出発して10日後に、海の上で７歳の誕生日を迎えていました。

ワシントンで外交官をつとめていた森有礼は、到着した梅子の姿を見て、思わずこう頭をかかえたといいます。

「こんな幼い子をよこすなんて！　どうすればいいんだ……」

しかし、５人の少女のうち、滞在10カ月で心が折れて早ばやと帰国したのは、年長の２人でした。日本での生活が長ければ長いほど、外国生活とのギャップは大きくなるからでしょう。

何かにチャレンジするとき、わたしたちはつい経験不足を理由に躊躇してしまいそうになります。しかし、梅子のように未熟なときだからこそ、存分に吸収できるということを忘れてはいけません。

はりきって帰国したのに仕事がない！

梅子は、「イエス」「ノー」「サンキュー」程度の英語しか知りませんでしたが、一緒に暮らすランマン夫妻に世話をしてもらいながら、英語やピアノを学び、現地での生活になじんでいきました。

私立の女学校に進学してからは、ラテン語、フランス語などの語学に加えて、英文学や自然科学、心理学などの授業も受けました。そんな梅子のアメリカ留学生活は、じつに11年にも及ぶことになります。

もちろん、ホームシックになることもありましたが、梅子の心を支えたのは、こんな思いでした。

「わたしの海外での経験は、日本に帰国したら、きっと役に立つはず！」

1882年、梅子を乗せたアラビック号がサンフランシスコを出港。いよいよ日本に帰るというとき、梅子は船の中で、その興奮を文章に残しています。

「目を閉じて、ああこんな日がほんとうにやってくるなんて、こんなことが今までにあったかしらと、明日のことを想像しています」

ところが、楽しみにしていた日本での生活は、アメリカで長い年月をすごした梅子にとって、想像以上にギャップが大きいものでした。室内で靴を脱ぐ習慣や、着衣が複雑な着物など、日本の生活文化を目の当たりにして、梅子は戸惑います。なかでもカルチャーギャップを感じたのが、女性のあつかいでした。

「女性は男性よりはるかに人生のつらい部分を背負っています。気の毒な、可哀そうな女性！　あなたがたの地位を引き上げてあげたい！」

当時、女性は早く結婚して男性の世話をするのが、当たり前とされる時代でした。梅子自身、早くも理不尽な目にあっています。同じ船でアメリカに留学して、2〜3年の滞在で帰国した男子留学生は、政府で重要な仕事が与えられているのに、梅子ら女子留学生には、仕事の話がまったく出ないまま……。

帰国時には豪勢なもてなしを受けましたが、彼女たちをアメリカに派遣した責任者から仕事の話が出ることはありませんでした。梅子は父の手伝いや家事をしつつ、働き口を探すという日々を送ることになります。

しばらくして、梅子はなんとか華族女学校に就職の口を見つけるも、生徒である華族の少女たちに失望してしまいます。彼女らにとって教養もまた、よい縁談を得るための手段でしかなく、「自分のために学びたい！」という姿勢がまるで見られなかったからです。

「日本で女性の地位を向上させるには、抜本的に考えを変えないとダメだ。自分で女性のための学校を設立するしかない！」

夢さえあれば、納得できない自分への仕打ちもすべて「越えるべき壁」となります。梅子は二度目の留学へと旅立つのでした。

大きな夢の小さな始まり

二度目のアメリカ留学で、梅子は女子教育について研究。帰国後しばらくすると、当時勤務していた華族女学校と女子高等師範学校に辞職届を出しました。退路を断ち、自分の夢につき進むことを決めたのです。

そして1900年、先駆的な私立女子高等教育機関として「女子英学塾」を創設。小さな規模でのスタートでしたが、梅子の信念は、現代の津田塾大学の礎となり、国際的に活躍する女性を数多く輩出することになるのでした。

心が折れないポイント

- **未熟な時期だからこその強みもある。**
- **失望は現状を打破するエネルギーに変えよう。**
- **どんなことでも、始まりは小さい。**

ローザ・パークス（1913～2005年）アメリカのアラバマ州生まれ。1955年に市バスで白人に席をゆずるのを拒むと、人種分離法違反の容疑で逮捕された。この事件をきっかけに、キング牧師と「バス・ボイコット運動」を展開。「公民権運動の母」と呼ばれた。

黒人差別に抵抗する一つの行動で世界を変えた ローザ・パークス

バスで席を立たずに大騒ぎに

たった一つの行動でも、世界を変えることができる――。

そのことを証明したのが、アメリカのローザ・パークスです。42歳のときに、アラバマ州の州都モンゴメリーで、ある行動をとったことで、社会を大きく変えることになりました。

一体、何が起きたのでしょうか。

1955年12月1日、パークスは仕事が終わると、夕暮れに市バスに乗車しました。黒人の彼女は、どの席にでも自由に座れるわけではありません。当時のアメリカでは、南部では州の法律によって、黒人が一般公共施設を利用することを禁止、あるいは、制限されていたからです。

パークスが市バスで座ったのは「黒人席」の最前列でした。

まもなくして白人の乗客たちが乗ってきたので、白人席が満席となりました。すると、黒人席に座っていたパークスは、運転手からこう言われます。

「その席を空けてくれ」

居合わせた乗客の誰もが、「この女性は白人に席をゆずるだろう」と思ったことでしょう。それが当たり前の光景だったからです。実際のところ、パークスの近くに座っていた黒人は立つことを選びました。

しかし、パークスだけは席をゆずることなく、座ったまま。

運転手から「立つ気があるのか」と迫られても、パークスは「ノー」と拒否。さらに「お前を逮捕させるぞ」と威嚇されても、パークスの態度は変わらず、こう答えました。

「かまいませんよ」

このときパークスは、自分の身にこれから何が起きるのかは、なるべく考えないようにしていたそうです。運転手の命令に従うことなく、ただ座りつづけていると、本当に警察官が2人やってきたのでした。

もうこれ以上の黒人差別は耐えられない

バスに乗りこんできた警官からも「なぜ立たないのか」と聞かれると、パークスは質問返しをしています。

「あなたたちはみな、どうしてわたしたちをいじめるのですか」

しかし、警官は「規則は規則だ」と冷たく言い放ち、パークスは市条例違反で逮捕されることになりました。

一体、なぜパークスは、そこまでの抵抗をみせたのでしょうか。のちに当時の気持ちをこんなふうにふり返っています。

「よく人は、あの日わたしが席をゆずらなかったのは、疲れていたからだと言います。違うのです。わたしが疲れていたのは、白人の言いなりになることに対してだったのです」

そう、パークスは、幼少期からの差別に疲れ切っていたのです。

さまざまな場所で隔離政策が行われ、水飲み場さえ「白人用」と「黒人用」に公然と分けられていました。幼いパークスはこう不思議に思っていたと言います。

「白人用の水は、黒人用の水よりおいしいのだろうか」

祖父や母から悲惨な奴隷時代を聞かされ、黒人は農園で肉体的に酷使されただけでなく、白人から精神的にも支配されていたことをパークスは知ります。

自分の祖父の代からつづいている黒人差別。それがパークスの身にもまた降りかかり、40年の月日が過ぎようとしていました。

バスで席をゆずるのを拒絶したのは、そんな差別の積み重ねがあっての行動でした。理不尽なあつかいを受けることに、もうこれ以上、耐えられなかったのです。

社会を動かした「バス・ボイコット運動」

パークスはすぐに釈放されましたが、この事件を聞いて、まず立ち上がったのが、働く黒人女性たちでした。彼女たちを中心とした差別撤廃の政治組織と、地元の有力な牧師らの黒人指導者が手を結びました。

そして議論を重ねた結果、「市の黒人をあげて、バスの乗車を拒否しよう！」という運動を行うことが決まります。

というのも、パークスが住むモンゴメリーの人口は白人のほうが多いものの、バスの利用者は3分の1が黒人でした。黒人たちで協力し合ってバスの利用をストップすれば、バス会社に経済的なダメージを与えられると考えたのです。

しかし、そのためには、黒人たちが「もうバスには乗らない」と足並みをそろえなければいけません。みなを牽引するリーダーが誰かいないか……ということで、選ばれたのが、のちに「キング牧師」として名を馳せる、マーティン・ルーサー・キング・ジュニアです。

キング牧師にとって、抵抗運動を指導するのは初めてのこと。やりとげられるか不安でしたが、それでもキング牧師は引き受けることを決意します。非暴力活動として「バス・ボイコット運動」を成功させるべく、ビラを配りながら呼びかけて、みなに協力を求めました。

キング牧師やパークスの非暴力主義によるボイコットに対して、白人市民会議や白人至上主義団体として知られるクー・クラックス・クラン（ＫＫＫ）らは、暴力で、運動を押さえつけようとします。

黒人教会は爆破され、キング牧師の自宅には爆弾が投げこまれました。パークスも「お前なんか、殺されてしまえ」と電話で何度も脅迫されています。

それでもキング牧師もパークスも、負けませんでした。みなに自家用車の相乗りを呼びかけて、職場への徒歩通勤や徒歩による買い物を積極的に行いながら、声をかけ合ったのです。

そんな一致団結した「バス・ボイコット運動」は、じつに1年以上継続されました。心ある白人の協力もあり、バス会社は倒産寸前にまで追いこまれることになります。

そして、ついには裁判所をも動かしました。１９５６年11月13日、連邦最高裁判所は、次のような判決を下します。

「公共の交通機関における差別は憲法違反である」

黒人たちの連携が時代を動かした瞬間です。12月21日をもって、「バス・ボイコット運動」は終了。黒人たちのバスの利用が再開されました。

すべては、パークスのたった一人の行動から始まったことでした。

勇気を出して、正しいと思うことを実践しようじゃありませんか。自分たちの手で、世界をよい方向へ変えていきましょう。少しずつでも、着実に。

心が折れないポイント

- **自分が正しいと思うことを実践する。**
- **悪しき習慣は自分の世代で断つ。**
- **自分次第で世界も変えられると信じる。**

立派な武人になるぞ！
何やってるんだアイツ
農民が武士になんかなれないよ
京都にのぼり新選組に入隊
「鬼の副長」として恐れられる
しかし江戸幕府の弱体化で新選組はボロボロに…
北海道で新政府と戦うぞ！
わたしは諸君の健闘ぶりにおどろき そして感心しているんだ！
土方歳三 享年34歳
「情熱」を大切にした生きざまだった

土方歳三（1835〜1869年）武蔵国多摩郡石田村（現・東京都日野市）の農家に生まれる。行商のかたわら剣術を学び、天然理心流近藤周助の門弟となり、近藤勇と出会う。浪士組として京都へわたり、のちに新選組の副長として活躍。明治新政府との箱館戦争で戦死。

身分の壁を乗り越え、最後まで信念を失わなかった 土方歳三

土方歳三は「賢者」ではない？

この本は「賢者」と呼ぶのにふさわしい人たちを集めて、その人生から見習いたい点をピックアップしています。

しかし、よく考えると「賢者」の定義はなかなかむずかしいですね。「偉人」とはまたちがって「賢い人」「知恵のある人」というイメージが強くなります。「うーん、この人は《賢い人》というイメージではないけれどなあ」もしかしたら、読者のみなさんがそう思う人物も中にはいるかもしれません。新選組副長の土方歳三は、その代表例といえそうです。

剣の達人で、とにかくイケメン。そして、規則にきびしい人……。歳三のイメージといえば、そんなところではないでしょうか。

たしかに歳三は、「賢い人」ではなかったと思います。むしろ、その逆で、もっと「賢く生きていればよかったのになあ」という感想さえいだくのです。

しかし、それにもかかわらずわたしは、歳三こそが、この本にふさわしい人のようにも思うのです。歳三が送った激動の人生を一緒に見ていきましょう。

農民なのに武人にあこがれる

歳三は、1835年に武蔵国多摩郡石田村（現・東京都日野市石田）で、ゆたかな農家のもとで生まれます。歳三は、10人きょうだいの末っ子でした。

わたしは、歳三が生まれた家を見に行ったことがあります。今はもう休館していますが、一室が「土方歳三資料館」として開放されていたからです。

庭に入ると、細い竹が茂っており、ぶら下げられた木札には、文字が書かれています。

「将来我武人となりて　名を天下に掲げん」

資料館の館長で、歳三の子孫でもある土方愛さんに意味を聞いてみると、こう教えてくれました。

「歳三が17歳か18歳のころに植えた矢竹です。植えながら『立派な武人になるぞ』と宣言したと伝えられています」

そう、歳三は農家に生まれたにもかかわらず、「武人になる」と宣言したわけです。

しかし、18歳といえば、自分の将来を真剣に考えてもよい年齢のはず。

農民なのに、剣の修業に励む歳三は「何やってるんだ、アイツ」とまわりからは思われていたことでしょう。わたしがその場にいても「武士になんかなれないのにね」とみなと一緒に陰口を言ったかもしれません。江戸時代はそれほど身分に縛られた時代だったのです。

でも、歳三はあきらめずに道場へかよい、稽古を積みました。少年のころは、風呂上がりに大黒柱に相撲の張り手をして、体を鍛えたともいわれています。

武人にあこがれながらも、歳三は家の仕事もおろそかにはしませんでした。歳三の家では、打ち身や痛み、切り傷などに効く薬をつくっていたので、それを売り歩いたのです。重い薬箱を担いで、400軒以上の客先に配達して回ったというから、足腰も鍛えられたことでしょう。

それほどハンパない武人へのあこがれを持っていた、歳三。新選組に入ることで、夢を見事にかなえてしまうのです。

時代の変化を受け入れずに最期まで戦った

新選組とは、京都の地で、江戸幕府を守るためにつくられた組織です。というのも、そのころは江戸幕府の勢いも衰えており、長州など「幕府を倒すべし！」という藩も出てきていました。

京都には天皇がいます。幕府を倒そうとする勢力は、天皇を味方につけようと、京都に集まっては、あちこちで画策していました。新選組はそれを取り締まる、いわば京のガードマン。歳三は、新選組の副長として、大活躍することになります。

一方で、新選組のリーダーは誰だったかといえば、近藤勇です。

勇もまた、農民に生まれながら、武士にあこがれていました。しかも、勇は三男で、長男ではありません。長男以外は家を継げませんから、自分で道を切り開くしかなかった時代です。

末っ子に生まれた歳三とは、その点でも共通していました。勇と歳三はともに同じ道場で、修業を積むことになります。

そんな勇と歳三の2人が新選組に入り、今や京都中で、いや、日本中で、その名を知られた武人となったのです。新選組として京の荒くれ者たちと戦った日々は、2人にとって、人生でもっとも輝いていた時期だといってよいでしょう。

歳三は新選組のルールを隊員にきびしく守らせたため、「鬼の副長」として恐れられました。歳三にとって新選組は、それほど大切な居場所だったのです。

しかし、運命は残酷です。江戸幕府はどんどん弱体化していき、第15代将軍の徳川慶喜は「大政奉還」というかたちで、朝廷に政権をわたしてしまいます。江戸幕府にかわって、薩摩の西郷隆盛や大久保利通、長州の桂小五郎らが、日本の政治の中心になろうとしていました。

幕府側のガードマンであった新選組は、あっというまに組織がボロボロになっていきました。隊員がどんどん減っていくなかで、ついにはリーダーの近藤勇も捕まって、処刑されてしまいます。それでも歳三はあきらめません。

「もはや、新選組は風前の灯になってしまった……それでもまだわたしはあきらめない。近藤さんの分まで、最期まで戦う！」

ここで降伏していれば、時代が明治へと移り変わっても、新政府のなかで歳三は大いに活躍したことでしょう。賢い人ならば、そうしたにちがいありません。

しかし、歳三はあろうことか、幕臣の榎本武揚とともに、北海道で「新しい政府」をまた別につくって、強大な新政府にあくまでも対抗する道を選んだのです。

1869年4月9日、新政府軍が北海道に上陸すると、歳三は戦いの指揮をとりながら、政府軍と激戦をくり広げます。

なんとか16日間にも及ぶ猛攻をしのぐものの、もはや限界が近づいてくると、歳三は運命をともにした兵たちを集めて、こうねぎらいました。

「政府軍はみな選りすぐりの武士で、しかも数も多い。みんな、よく防いでいるじゃないか。わたしは諸君の健闘ぶりにおどろき、そして感心しているんだ」

そして5月11日、箱館（現在の函館）に政府軍による総攻撃が行われると、歳三は腹部に狙撃弾を受けて戦死。34歳の若さで、この世を去っています。

時代の流れに逆らって生きた歳三は「賢く生きた」とは言いがたいでしょう。引き返すチャンスはあったにもかかわらず、歳三は自分の意思をかたくなにつらぬいて、戦場で散りました。

しかし、何よりも「情熱」を大切にしたその生きざまは、「どんなときでもくじけるな！」と、わたしたちをいつでも励ましてくれるのです。

心が折れないポイント

- **あこがれは、壁を乗り越える大きな力になる。**
- **チャンスが来るまで地道な努力をつづけよう。**
- **自分の意思を何よりも大切に。**

おわりに

「もしかして、人生って、思いどおりにいかないことのほうが多いのでは？」

そのことに気がついたとき、人はひとつ、大人になります。

わたしの場合は、やっぱり小学校に入学して、たくさんのクラスメートと一緒に、いろいろなことをやるようになってからだと思いますね。

どうも自分は手先が不器用らしいと図工や家庭科の授業で知り、ドレミの音階はまるで感じられないことを音楽の授業で知り、運動オンチで身体能力がいちじるしく低いことを体育の授業で知りました。

「こ、こんなはずでは……」

ほんとに愕然としましたね。だって、それまでは戦隊ヒーローや宇宙刑事など特撮モノに夢中になっては、空想の中で自分を主人公に重ねて大活躍させていたんですから。一人っ子でくらべる兄弟がいない、ということも大きかったのかもしれません。

「みんなが困っているときに駆けつける、ぼくはそんなヒーローになるんだ！」

本気でそう思っていたけれど、小学校では、実技系の科目については、みんなについていくのが精いっぱい。「頼むから、誰か助けてくれないかなあ」といつも思っていました。おいおい、ヒーローどころかずいぶんと情けない……。

そんなわたしは、図書館でよく偉人の伝記を読みあさったものです。意外と落ちこぼれが多い偉人たちには、大いに励まされました。その一方で「自分も何か打ちこむものがないとなあ」とも思うようになりました。

高校のときに太宰治の『人間失格』の読書感想文で賞をとったのは、大きかったです。もしかしたら文章を書くことが得意なのかな、と思えるようになりました。

ちょうど漫画『スラムダンク』にもハマった時期です。主人公の桜木花道がバスケットボールの初心者にもかかわらず、「天才！」と自称しながら、ライバル流川に立ち向かっていく姿が、かっこいいんですよね。「自分くらい自分のことを好きにならないといかん！」と目がさめる思いでした。

今、わたしには4人の子どもがいますが、娘たちがよく聴く曲で、自分も好きになったのが『可愛くてごめん』（HoneyWorksの楽曲）です。スラムダンクの桜木にも通じる自己肯定感の高さがストレートな歌詞で表現されていて、清々しいんです。

わたしも、読者がそんなふうに元気が出るような本を書きたい、とつねづね思っています。なので、この本では、「賢者」のストーリーから「心が折れない方法」を探ってみました。いかがでしたか？

これまで50冊以上の偉人や名言の本を書いてきました。なかでも、この本は特に、過去の自分に向けて書いた本のようにも思います。

なかなかうまくいかない人生を、いかに楽しむのか。躍動する賢者たちに勇気をもらえた読者がいたならば、これ以上、うれしいことはありません。

ちょっと心がしんどいときは、高杉晋作の名言を、ぜひ思い出してください。

「おもしろき　こともなき世に　おもしろく」

最後まで読んでくれたみなさんに感謝します。それじゃ、またどこかで！

■主な参考文献

一坂太郎編 田村哲夫校訂『高杉晋作史料 全３巻』（マツノ書店）
一坂太郎著『高杉晋作の手紙』（講談社学術文庫）
中野幸次著『ソクラテス』（清水書院）
加来彰俊著『ソクラテスはなぜ死んだのか』（岩波書店）
長南実翻訳著『マゼラン 最初の世界一周航海―ピガフェッタ「最初の世界周航」・トランシルヴァーノ「モルッカ諸島遠征調書」』（原書房）
イアン・カメロン著、鈴木主税訳『マゼラン―初めての世界周航』（草思社）
松本市壽著『良寛の生涯 その心』（考古堂書店）
リットン・ストレイチー著、橋口稔訳『ナイティンゲール伝　他一篇』（岩波文庫）
宮本百合子著「フロレンス・ナイチンゲールの生涯」『宮本百合子全集　第十四巻』（新日本出版社）
湯川秀樹著『旅人　ある物理学者の回想』（角川ソフィア文庫）
トゥーラ・カルヤライネン著、セルボ貴子・五十嵐淳訳『ムーミンの生みの親、トーベ・ヤンソン』（河出書房新社）
青山誠著『吉本せい　お笑い帝国を築いた女』（KADOKAWA）
矢野誠一著『新版 女興行師 吉本せい　浪花演藝史譚』（筑摩書房）
飯島虚心著、鈴木重三校注『葛飾北斎伝』（岩波文庫）
『歴史読本』編集部編『広岡浅子　新時代を拓いた夢と情熱』（新人物文庫）
長尾剛著『広岡浅子 気高き生涯　明治日本を動かした女性実業家』（PHP 文庫）
細川隆一郎著『“吉田茂”人間秘話―側近が初めて明かす』（文化創作出版）
塩澤実信著『人間吉田茂―昭和の大宰相の生涯』（光人社 NF 文庫）
チャールズ・チャップリン著、中野好夫訳『チャップリン自伝〈上・下〉』（新潮文庫）
浜田和幸著『快人エジソン』（日本経済新聞社）
オーウェン・ギンガリッチ編、ジーン・アデア著、近藤隆文訳『エジソン―電気の時代の幕を開ける』（大月書店）
吉川惣司・矢島道子著『メアリー・アニングの冒険　恐竜学をひらいた女化石屋』（朝日選書）
松下幸之助著『松下幸之助　夢を育てる』（日本経済新聞社）
本多隆成著『定本 徳川家康』（吉川弘文館）
笠谷和比古著『徳川家康』（ミネルヴァ書房）
シルヴィ・パタン著、高階秀爾監修、渡辺隆司・村上伸子訳『モネ　印象派の誕生』（創元社）
佐々木克監修『大久保利通』（講談社学術文庫）
毛利敏彦著『大久保利通』（中公新書）
勝海舟著、江藤淳、松浦玲編『氷川清話』（講談社学術文庫）
勝海舟著、江藤淳、松浦玲編『海舟語録』（講談社学術文庫）
佐々木雄一著『陸奥宗光 「日本外交の祖」の生涯』（中公新書）
三好徹著『チェ・ゲバラ伝』（原書房）
青木やよひ著『ベートーヴェンの生涯』（平凡社新書）
ロマン・ロラン著、片山敏彦訳『ベートーヴェンの生涯』（岩波文庫）
大庭みな子著『津田梅子』（朝日文庫）
古木宜志子著『人と思想　津田梅子』（清水書院）
菊地明編著『土方歳三日記〈上・下〉』（ちくま学芸文庫）
『増補新版 土方歳三』（文藝別冊 /KAWADE 夢ムック）
ローザ・パークス著、高橋朋子訳『ローザ・パークス自伝』（潮出版社）

真山知幸（まやま・ともゆき）

伝記作家、偉人研究家、名言収集家。1979年、兵庫県生まれ。2002年、同志社大学法学部法律学科卒業。上京後、業界誌出版社の編集長を経て、2020年より独立。4児の父。偉人や名言の研究を行い、『ざんねんな偉人伝』『ざんねんな歴史人物』は計20万部を突破しベストセラーとなった。徳川慶喜や渋沢栄一をテーマにした連載で「東洋経済オンラインアワード2021」のニューウェーブ賞を受賞。名古屋外国語大学現代国際学特殊講義、宮崎大学公開講座などで講師活動も行う。『泣ける日本史』（文響社）、『逃げまくった文豪たち』（実務教育出版）、『おしまい図鑑』（笠間書院）、『10分で世界が広がる 15人の偉人のおはなし』（高橋書店）など著作50冊以上。

漫画　湯沢としひと

賢者に学ぶ、「心が折れない」生き方

10代のうちに知っておきたい 何度でも立ち直れる、しなやかなメンタルをつくる方法

2024年1月20日　発　行　　NDC914

著　　者　真山知幸
発 行 者　小川雄一
発 行 所　株式会社 誠文堂新光社
〒113-0033　東京都文京区本郷3-3-11
電話 03-5800-5780
https://www.seibundo-shinkosha.net/
印 刷 所　星野精版印刷 株式会社
製 本 所　和光堂 株式会社

ISBN978-4-416-62335-0